活着的自由

罗 伯 特 · 哈 特 曼 自 传

[德]罗伯特·S. 哈特曼（Robert S. Hartman） 著

[美]阿瑟·R. 埃利斯（Arthur R. Ellis） 编

黄健 译

ZHEJIANG UNIVERSITY PRESS

浙江大学出版社

·杭州·

图书在版编目（CIP）数据

活着的自由：罗伯特·哈特曼自传 /（德）罗伯特
·S. 哈特曼著；黄健译. -- 杭州：浙江大学出版社，
2024.6（2024.11重印）
　　ISBN 978-7-308-24701-6

Ⅰ. ①活… Ⅱ. ①罗… ②黄… Ⅲ. ①罗伯特·哈特
曼—自传 Ⅳ. ①K835.165.1

中国国家版本馆CIP数据核字(2024)第045496号

浙江省版权局著作权合同登记图字：11-2024-137

活着的自由：罗伯特·哈特曼自传

FREEDOM TO LIVE: THE ROBERT HARTMAN STORY

（德）罗伯特·S.哈特曼　著

黄　健　译

责任编辑	顾　翔	
责任校对	张一弛	
封面设计	VIOLET	
出版发行	浙江大学出版社	
	（杭州市天目山路148号　　邮政编码　310007）	
	（网址：http://www.zjupress.com）	
排　　版	杭州林智广告有限公司	
印　　刷	杭州钱江彩色印务有限公司	
开　　本	880mm×1230mm　1/32	
印　　张	6.875	
字　　数	115千	
版 印 次	2024年6月第1版　2024年11月第2次印刷	
书　　号	ISBN 978-7-308-24701-6	
定　　价	78.00元	

版权所有　侵权必究　　印装差错　负责调换
浙江大学出版社市场运营中心联系方式：0571-88925591；http://zjdxcbs.tmall.com

To Rita and all the Hartmaniacs

(Dedication of the First Edition, 1994)

致丽塔和所有"哈特曼痴"

（1994年第一版敬献）

In Memory of Bob, Rita, and Jan Hartman

(Dedication of this Second Edition, 2013)

怀念哈特曼一家：鲍勃、丽塔和扬

（2013年第二版敬献）

Freedom to Live
The Robert Hartman Story

中译版序

　　1993 年，我为《活着的自由：罗伯特·哈特曼自传》的第一版撰写序言，这意味着我长久以来的梦想得以实现。我在罗伯特·S. 哈特曼（Robert S. Hartman）博士 1973 年去世后不久读过他的手稿，当时我就知道，有必要将其出版。

　　哈特曼博士在 1962—1963 年写下了这部自传体作品，将其用于他主持引导的管理研讨会。后来，他在各种场合介绍自己及其观点时，都会用到这部作品的复印本。他曾多次"自行出版"手稿，但这本书从未正式出版印刷过。

　　雷姆·B. 爱德华兹（Rem B. Edwards）博士是罗伯特·S. 哈特曼形式与应用价值学学院（Robert S. Hartman Institute for Formal and Applied Axiology，以下简称哈特

曼学院）成员，也是哈特曼博士在田纳西大学诺克斯维尔分校的同事。从他成为哈特曼学院"价值探索"丛书的《价值学研究分册》的编辑，到 20 年后的今天，本书才有机会出版。因此，《活着的自由：罗伯特·哈特曼自传》是哈特曼学院出版的该丛书的第一本。

　　这本书的出版是我梦想的第一部分，这是我为保护哈特曼的遗产所做的一点努力。梦想的第二部分是，我能目睹这本书在全世界传播，这样，哈特曼的价值科学（形式价值学①）就能在应用中发挥作用，让我们的世界变得更加美好。哈特曼用引人入胜的故事讲述了他的背景经历，正是这些经历让他开始寻求对"善"的理解，并将这种深刻理解作为抵制他所见证的"恶"的一种工具。第一版出版至今已近 30 年，许多国家的价值学专家学者和实践者在工作中使用了这

---

① 价值学，axiology，源于希腊语 axios，有价值的，有意义的。将 axiology 翻译为"价值论"是学界的常规做法，然而采用该译法的文章和著作，大多属于价值哲学范畴。罗伯特·哈特曼创立的 Formal Axiology，是基于价值公理的一门科学，是与数学具有同等地位的学科（详见本书第二章）。同时，哈特曼一直强调哲学与科学之别，他希望这门新的科学能在人文社科领域引发一场科学革命。为此，译者经几次三番思量，最终敲定：将 axiology 译为"价值学"；将 Formal Axiology 译为"形式价值学"，等同于 Value Science，即"价值科学"。
　　——译者注

本书。可要实现愿景，我们还有很多工作要做。

本书中文版译者黄健（Jeffrey Huang）是哈特曼学院的成员，对哈特曼博士思想的热情促使他发起了这次翻译，其工作意义重大。他将《活着的自由：罗伯特·哈特曼自传》翻译成中文，这将使更多的人有机会了解罗伯特·哈特曼的故事和他的思想。哈特曼的价值科学及其价值层级向我们展示了如何赋能个体和集体，使其做出更好的决定。这本译著是保护哈特曼遗产和传播有关"善"的知识的一个重要步骤，而有关"善"的知识可以改变世界，让世界变得更美好。

阿瑟·埃利斯博士

哈特曼学院名誉主席

2022 年 6 月

Freedom to Live
The Robert Hartman Story

编者序

在作者去世前，不可能完成一本完整的自传；但若到那时，又已经太晚了。罗伯特·哈特曼于 1963 年 10 月 10 日完成了他个人的自传及对哲学思想的论述，此后他又度过了近 10 年的峥嵘岁月，直到 1973 年 9 月 20 日去世。阿瑟·R.埃利斯（Arthur R. Ellis）在本书末尾题为"最后的岁月"的附录中讲述了哈特曼余下的生命故事。《活着的自由：罗伯特·哈特曼自传》最初是哈特曼为 1962 年和 1963 年全国保险公司主办的管理层发展研讨会而写的，目的是向管理者介绍哈特曼这个人以及他的形式价值学。我们要感谢全国保险公司的高级律师李·A. 索恩伯里（Lee A. Thornbury）先生，他审阅了这份手稿，并明确全国保险公司并不拥有本书版权。

从 1968 年至 1973 年，罗伯特·哈特曼是田纳西大学的一名研究教授（research professor）。在此期间，他通常在田纳西大学任教半年，另外半年时间在墨西哥大学任教，他同时也是那里的研究教授。我很有幸与他结识，并在那段时间里旁听了他的一些课程，我们之间有许多生动热烈的哲学辩论。我从未完全同意他在哲学问题上的每个观点，但我承认他是一个哲学天才，我可以从他那里学到很多重要的东西。我希望这本自传的读者也有同感，同时希望你们和我一样，在必要时保留提出异议的权利。

在诸多方面，鲍勃·哈特曼（罗伯特的昵称）对我自己思想的影响，在他死后比在他生前还要大。他比其他任何哲学家都更能帮助我理解和欣赏个人的内在价值，理解和欣赏作为个体的人的内在价值，即人作为意识体验和活动的独特中心的内在价值。其他哲学家通常发现内在价值只在普遍可复制的品质中体现，如快乐、知识、美德、道德法则、创造力等，而不是在个人身上。不幸的是，任何将内在价值与可复制的普遍性等同起来的做法，都会将有意识的个人贬低到外在物品的地位，而普遍性是在个人这里得到体现的。在传统的伦理学理论中，无论它们对本质上好的东西给出的是享乐主义还是多元主义学说的论述，个人的意识中心都被贬低到外在有用但内在无价值的容器的地位，像快乐、真理、良知、道德法则等好东西可以被注入其中并暂时储存。罗伯特·哈特曼为我们深刻纠正了这种倾向共性和反对个性的偏见，这种偏见统治着传统伦理学。他的理论并没有削弱丰富我们生活的共性的善的力量，所以哈特曼对个体内在价值的强调必须以最严肃的态度对待，以纠正传统伦理学理论中固有的偏见。正如他接下来在书中所展示的，地球上生命共同的命运可能就取决于此。

遗憾的是，不仅仅是哲学家贬低或低估了个体的价值，许多人，尤其是那些有权力、有影响力的人物中的多数，现在和过去都倾向于为了外在的和系统的利益而牺牲个人的福祉甚至生命。在世界各地，人（和其他有价值的生物）不断地被摧毁，要么为了财富、石油、工作、权力、领土和社会地位等外在利益，要么为了宗教教条、政治意识形态、种族纯洁、国家主权和军事荣誉等系统利益。罗伯特·哈特曼可以帮助我们理解这些颠倒价值的愚蠢行径。

　　我强烈支持和鼓励这本自传的出版，部分原因是它讲述了一个引人入胜的故事，讲述了我尊为益友良师的一个人的精彩人生，部分原因是它显示了哈特曼是如何秉持他对个人内在价值的热情和深刻反思的信念，还有部分原因是它表明了人们是如何轻易地以许多不同的方式错过"人具有无限内在价值"这一基本真理的——而这样做的后果对每个人和整个人类都是灾难性的。

　　阿瑟·埃利斯是哈特曼学院的一位优秀而活跃的成员，他向我推荐出版本书，并为此做了大量必要的编辑工作。我很高兴我们能够出版《活着的自由：罗伯特·哈特曼自传》，并将此作为"价值探索"丛书的《价值学研究分册》的第一卷。

　　阿瑟·埃利斯和我要特别感谢丽塔·哈特曼（Rita Hartman）夫人允许我们出版这本自传，并为本书第一版提供了书后七张照片的翻印。

　　第二版《活着的自由：罗伯特·哈特曼自传》在编辑上有许多小改进，更新并拓展了目录，索引更详细，还增加了新的照片。非常感谢斯泰西·麦克纳特（Stacey McNutt）为第二版提供的新照片——第一、五、六和第十一号。也非常感谢原出版商阿姆斯特丹－纽约的罗多彼（Rodopi,

Amsterdam – New York）将此书的版权归还给了哈特曼
学院。

雷姆·爱德华兹

林赛·杨哲学院名誉教授

于田纳西大学诺克斯维尔分校

1993 年 8 月（2012 年 11 月修订）

Freedom to Live
The Robert Hartman Story

前　言

自罗伯特·哈特曼写下这部自传性作品，至今已经过去了 30 年；但时至今日，他提出的观点和问题，与他自己的生活经历交织在一起，就像当时一样，仍然具有活力和生命力。他探寻"善"的定义，以及寻找将这一概念应用于我们生活的方法，对个体和全球来说仍然极为重要。国家内和国际的冲突仍在世界各地持续发生。核能的使用和控制仍然是令人担忧的一个主要问题。美国和其他许多国家一样，面临着暴力、药物滥用、道德疑问、环境难题和医疗保健问题。在我们的个人生活和国际层面上，复杂的价值情境，每天都在出现，需要我们在其中抽丝剥茧。

罗伯特·哈特曼在本书中介绍的生活经历很有趣味性，

也很吸引人。从第一次世界大战期间他在德国的童年时代，到他年轻时期，他的祖国处于纳粹的影响之下，他不得不逃离纳粹，他描述的种种事件塑造了他的思想。作为法官、商人、哲学家和国际社会成员，他的背景为他的生命增添了丰富性。而他目睹了纳粹组织"恶"，这让他一生都在思考如何去组织"善"。

在本书中，他向读者概述了他的价值理论。虽不像他的其他一些著作那样深入，但足以让人掌握其基本原理。他对"什么是善"这一问题的回答建立在哲学家 G. E. 摩尔（G. E. Moore）的工作之上，从由此产生的价值公理出发，他形成了自己的形式价值学理论。

形式价值学提出了价值的三个维度：系统维度、外在维度、内在维度。① 哈特曼博士为我们定义了这些维度，并展示了它们的相互作用。然后，他向我们展示了如何将这些价值维度应用于我们生存的各个领域。哈特曼博士不仅关注什

---

① 罗伯特·哈特曼创立的价值科学将价值分为三个维度——系统维度（systemic）、外在维度（extrinsic）、内在维度（intrinsic），由此对应着三种价值——系统价值、外在价值、内在价值。同时，哈特曼也在不同时期采用过不同表达，如：社会（social）维度，相当于外在维度；大我（Self）维度和精神（spiritual）维度，相当于内在维度等。——译者注

么是价值的问题，还关注如何评价——他相信他的方法能把评价过程变为一种更加精确的操作，将有序思考引入道德领域。

拥有耶鲁大学斯特林教席的哲学教授保罗·韦斯（Paul Weiss）这样评价哈特曼：

> 我确信，一旦允许自己跟随哈特曼博士对价值的本质进行不懈的系统探究，就没有人能够从这样的觉察中解脱出来，即，他已经沉浸其中，参与了一场崭新的智力大冒险，其结果和影响将是广泛而多样的。

本书最初是哈特曼博士为美国一些大公司的高层管理人员举办的一系列研讨会而编写的。这些公司之所以对哈特曼的观点感兴趣，是因为他们希望自己的高层管理人员能够对管理决策中的人性方面有更高的敏锐度。在 20 世纪 90 年代，人们对人性的关注度毫不亚于 20 世纪 60 年代。

关于一个人的生活和工作的意义，哈特曼提出了四个问题供大家反思。

1. 我来到这个世界上是为了什么？

2.我为什么为这个组织工作？

3.这个组织能做些什么来帮助我实现我在世界上的意义？

4.我怎样才能帮助这个组织，使其更好地帮助我实现我在世界上的意义？

在回答这些问题的过程中，我们将应用系统维度、外在维度和内在维度这三个价值维度，对个体的生命进行个人探索。这个练习的目的是帮助我们每个人寻找意义，并在我们做决定时努力确定我们的价值优先次序。哈特曼博士还通过将他的思想应用于内在领域来探索我们的精神本质。

罗伯特·哈特曼的愿景，是给我们提供认识和实现我们每个人内心"善"的方法，从而丰富我们的人生。通过在更广泛的范围内应用这些原则，我们也可以丰富我们的世界，使其成为一个拥有更多善与和平的地方。当**形式价值学**之光投射到我们的世界时，那些价值元素就会以一种前所未有的清晰度显现出来，从而帮助人们做出重要决策。

乔治·金博尔·普洛赫曼对哈特曼的成果描述如下：

> 哈特曼的悲悯和机智与他的知识渊博形成了某种平衡——只要扫一眼他的个人图书馆，人们很快

就会相信他博学多闻。尽管他强调需要将关于价值的科学思考从评价本身这一行为中解脱出来，但我们感觉到他直接参与了对世界及其"善性"，以及他所谓的"不善性"——的清醒反思。

附录"最后的岁月"涵盖了从哈特曼完成本书手稿到他去世之间的 10 年光阴。这一章汇编了来自田纳西大学诺克斯维尔分校霍斯金斯图书馆的罗伯特·哈特曼收藏的资料，以及他与哈特曼夫人和众位同事的对话。作为老师、导师和朋友，哈特曼博士与我的互动以及我对亲身经历的回忆也穿插在其中。

有几位人士为这本书出版的准备工作做出了贡献。我感谢夏洛特·B. 埃利斯（Charlotte B. Ellis）的协助，进行编辑工作，以及雷姆·爱德华兹提供的咨询支持。丽塔·哈特曼从许多照片中费心挑选出一些，以供本书使用。感谢梅·路易丝·朱姆沃尔特（May Louise Zumwalt）、玛莎·F. 詹姆斯（Martha F. James）和简·威廉姆斯（Jane Williams）提供的支持和努力。我感谢我在哈特曼学院的同事们，他们提供了深入的见解和信息片段。

哈特曼博士的写作手法与他的说话方式基本相同。在本书中，我们努力保持他演讲的完整性，为清晰起见，只在必要之处，做了少许修改。

这部作品中包含的信息是永恒的，对人类具有无限的价值。它是一个致力于使世界变得更美好的生命留下的遗产。

阿瑟·埃利斯

科学硕士，持证专业咨询师，编辑

1993 年 8 月

目　录

第一章　向死而生

1910 年 1 月 27 日，我出生的那天，柏林街头彩旗招展，万家窗口飘扬着德意志帝国的黑白红三色旗，房屋正门上悬挂着花环。全副武装的德国阅兵队伍在首都主干道上列队游行，向头顶金色天使的"胜利之柱"迈进。

这天恰巧也是德皇的生日，为了庆祝德意志帝国的成立，每年这一天都会举行盛典，纪念这一重大军事胜利。当天，德皇威廉二世和他的六个皇子，全身戎装，在德国人民面前亮相，以展示他们的权力——德意志权力。全世界都对德意志帝国唯命是从。从赫尔戈兰（Heligoland）到萨摩亚（Samoa），从温德和克（Windhuk）、洛美（Lome）、拉包尔（Rabaul）、布干维尔（Bougainville），到比基尼（Bikini）和埃尼威托克（Eniwetok），德军基地遍布全球。德皇发号施令时，全世界都屏息聆听。德皇拥有无上权力，统治世界的权力。"德意志，德意志高于一切"，这不是虚妄的吹嘘之辞。

　　我依稀记得我四岁生日那年的大游行，那些喜庆活动、激动场面和爱国歌曲的欢唱。在上帝的恩宠下，身为德皇与普鲁士国王的威廉二世陛下骑着马，雄赳赳气昂昂地穿城而过。这些美好日子就是威廉二世所承诺的：生为德国人，活在这世上，是无上的荣光。

　　就在那个春天的某个星期天，我才第一次实实在在地见到德皇。由于拥有共同的生日，我曾把他想象成一副乐呵呵的样子。在我心目中，他是一位黄金骑士，就像我和父母散步时看到的胜利之柱顶上的天使。天使与德皇融为一体，组成了一个光辉形象。

　　那个星期天，我正和父母在蒂尔公园散步。突然，我听到父亲喊道："皇帝！"人群一阵巨大骚动，只见几匹精致的骏马拉着一辆漂亮马车经过，里面端坐着德皇和他的皇后，奥古斯特·维多利亚。德皇的华丽外表本该留给我愉悦的印象，但由于某种视觉上的把戏，它变成了恐怖的一幕。当我仰望时，我只看到一个巨大骷髅对我龇牙咧嘴，它眼睛中空，鼻洞大开，下面还交叉着两块骨头。

　　德皇穿着他最喜爱的"骷髅头"轻骑军团制服，而我碰巧先瞧见那顶巨大的帽子，帽子上面有浓密的羽毛和骷髅头骨徽章，但我没看到德皇的脸。后来我才发现，其实这张脸相当英俊，尽管那僵硬而上翘的胡须显得有些冷酷而傲慢。从那时起，骷髅头骨徽章总让我感到不寒而栗；在我眼中，它们成了死神之脸。

我的许多同胞却不这么认为。因为，不仅德皇和他的军官们以佩戴骷髅头骨徽章为傲，这些徽章还在首饰店出售，女孩们把它们买来当装饰品佩戴，以弥补军装在美感上的不足。多年以后，我反思这枚徽章为什么流行，我认为它似乎同时象征着德国对死亡的颂扬和轻视。我开始意识到，**颂扬死亡是对生命的亵渎，而轻视死亡，则是对死亡的亵渎。**

我五岁时，有四段印象深刻的经历塑造了我的一生，在蒂尔公园看到德皇头顶的徽章是第一段。第二段记忆是，1914 年 8 月的一天，我父亲和母亲在客厅共舞，庆祝我父亲获准成为皇家军队志愿者。德皇的荣耀照进了我们的家，到处都有人握手相庆和祝贺道喜。德国，这个世界上最伟大、最有文化底蕴的国家，竟然遭到了背信弃义的英国敌人、堕落退化的法国敌人和野蛮落后的俄国敌人的攻击！德国人民要团结如一人，予以回击。

正当我父母翩翩起舞时，整个德国有数百万人也在跳舞——在家里、街头、酒吧、公园、码头。陌生人与陌生人共舞，他们感觉彼此团结一心，陶醉在共同的伟大中。他们因为拥有同一个祖国的理想而群情振奋。他们抛开所有差异，不论是贫穷还是富有，高贵还是低贱，德皇和他的子民合为一体。他们认为，战争会涤荡一切污秽之物，会把生命的光辉带到顶峰，战争将为和平消除麻烦。他们为了纯粹的探险乐趣而舞，为了他们认为是生命的东西而舞，然而结局却是死亡。

父亲奔赴前线不久（他直到战争结束才回来），母亲带着我和三岁的弟弟去了慕尼黑。在 1914 年我的第三段记忆里，我看见自己坐在慕尼黑的花园墙上，目睹士兵们开赴战场。络绎不绝的人流，如一条灰色制服之河，填满了宽阔的街道，大街小巷飘荡着女孩们和士兵们的歌曲旋律。士兵们看起来强壮而快乐，头盔上镶嵌着的鲜花绿叶在空中飞舞。女孩们两步并作一步，在士兵们的身边奔跑，一边歌唱，一边哭泣。

我明白这意味着什么，这是奔赴前线打仗。这些小伙子去往火车站，等着被装进火车。我想，战争一定是个巨大的窟窿，就像大街上的下水孔。火车停在窟窿旁边，小伙子们从车上跳下来，跳进窟窿里。要是有人跳下车时跌跌撞撞，他就会掉进窟窿里，掉进战争里，被战争杀死。

出征队伍的壮观场面，伴随着嘈杂，歌曲和鲜花，旗帜和音乐，日复一日，持续了四年。尽管它让我心情激动，但我只看到其黑暗面。在记忆中，我能想起的只有那最终目的地，那些掉落的士兵，孤立无助地消失在漆黑无底的窟窿里。

我不知道为什么会有这种感觉。据我所知，其他孩子感觉不一样。但我记得我从来不像那些欢呼的人那样热情；那些让其他人激动的军乐，我却对其无动于衷。我也没有觉得出征的士兵能保护我，相反，我觉得他们比我更需要保护。随着战争的持续，我似乎从来没有因为打胜仗而激动过，只是每当父亲寄回为《德国战地日志》所写的苦难故事时，我听着读着总是为之一振。

我的前三段经历是第四段经历的预兆。回头想想，我把前三段经历称作死亡之脸、死亡之舞和死亡之征。在第四段经历中，我感受到了死亡本身。

记得当时我正站在我们慕尼黑的房子楼下的大厅里，忽然凝神听到一阵奇怪的哭声，那不是孩子的哭声，更像是一个成年人的。我循声来到三楼，那里住着我的叔叔亚历克斯，一个22岁的年轻人。哭声是从他的房间传出来的。我打开门，看见叔叔坐在床上，衣衫不整，哭个不停。记得当时我问："亚历克斯叔叔，你为什么哭呀？"他说："我必须去打仗。"（原文是："Ich muss in den Krieg."。）"你为什么一定要去打仗？"我问。"这是德皇的命令。"（原文是："Der Kaiser befiehlt es."。）"啊，"我说，"你留下来，你不要去。"他看着我，眼神是那么悲伤，我至今都难以忘怀。"我不能不去，"他说，"而且，我就快要死了。"听他说完这句话，我感觉到数把钢钳紧紧地夹住我的身体，一阵刺骨的恐惧充斥我全身。我转身跑出了房间。

我依旧记得我那迷惑不解的想法。德皇怎么可能有权力让我叔叔去送死？难道叔叔就得像绵羊一样被屠宰吗？似乎有种不祥之兆压倒了我，整个世界变得黑暗而可怕。我感受到威胁和困惑。我想抗争却无能为力；我也被困住了，就像亚历克斯叔叔一样。当他说"我必须去打仗"时，我稚嫩的想象力一下子领会到"打仗"这个词极具威胁性的双关含义。因为在德语中，"kriegen"不仅意味着"开战"，而且意味着"获得"。因此，我的脑海中闪现出这样一个念头："他们抓住了他，德皇朝他撒下一张网，把他捕获了。幸亏我跑得快，不然我也会被抓住的。"

亚历克斯叔叔真的死了。没人知道他死在哪里，他只是没能从战争中回来。按官方说法，他失踪了。他成了另一位无名战士。

今天回想起这段令人不寒而栗的经历，我仍然感到世俗力量的可怕，它竟能让一个 22 岁的年轻人去送死。我确信，在我幼小的头脑中百思不得其解的，是这样一种想法：不知怎地，一定是哪里出了问题；不知怎地，生与死完全混淆了、颠倒了。我很早就意识到，20 世纪初出生在德国是危险的，比出生在其他任何地方都更加危险。

我完全有可能出生在其他地方。1882 年，我父亲两岁时，我祖父母从德国移民到美国。由于我祖母无法适应旧金山时断时续的多雾天气，全家又乘船返回大西洋对岸，在伦敦定居。但那里的雾气更糟糕，严重影响我祖母的健康，于是全家再一次搬迁，回到柏林。

与此同时，我外祖父母从德国移民到圣彼得堡，外祖父在那里为沙皇打理财政。他的业务干得不错，所以他们能够带着两个女儿回柏林退休。我的四位祖辈从东方和西方到德国首都会合，恰好能够让我父母在柏林市中心的本德勒大街（Bendlerstrasse）相遇，并赐予我生命。本德勒大街是位于兰德韦尔运河和蒂尔公园之间的一条并不算长的路。在德皇统治时期的德国，德皇的三个战时机构，海军部、总参谋部和陆军部构成了一个三角地带。青年时期的我被带到慕尼黑之后，这三个机构合并成武装力量部，其办公地址就在我出生的地方：本德勒大街。

因此，我感到有一条玄之又玄的脐带把我和德国历史联系在一起。从我的出生地延伸出来的无数条细线编织成一张战争之网，让整个欧洲乃至整个世界都深陷其中。所以，我总是既热衷于研究历史这门学科，又惧怕她的威力。她是供人观赏的一出戏剧，也是令人沦陷的一场噩梦。

我也从我父亲那里继承了对历史的兴趣，父亲在 30 岁时放弃了他的律师职业，并开始写作，他写了许多历史小说，成为德国畅销书作家。他还成为德国第一代电影编剧与导演。作为一名狂热的创作者，他留下了许多图书和许多回忆。我在他的笔记中找到了许多问题的答案。凭借颇为严谨的想象力，他能把从未亲眼见过或亲身经历过的事物或事件描写出来。我记得他曾写过一本关于巴西的小说，之后便有些巴西侨民写信来向他请教问题，但他从未去过巴西。父亲的愿望是在他的葬礼上播放莫扎特的《G 大调弦乐小夜曲》①，那是一首小情歌。为什么要用情歌作为葬礼音乐？为什么不呢？他问道。他说，死亡肯定与恐怖无关，而是与爱有关，上帝的爱。我父亲是一个严守纪律的普鲁士人，外表严肃，

————————

① 莫扎特于 1787 年创作，其前奏部分生动活泼，充满青春活力，且有一些顽皮。——译者注

不苟言笑，但我一直觉得和他很亲近；我感受到的父爱与关怀极大地影响了我，对我来说，1934 年他的去世是一场灾难性的、震撼心灵的经历。

关于母亲，我记忆极少。事实上，我有两位母亲。在我父亲参战一年后，我的亲生母亲和他离婚后再婚，我随母亲搬到了慕尼黑。随后我搬去巴伐利亚阿尔卑斯山的一个村庄里，和一对叔叔阿姨生活在一起。战后两年，我和我的祖母住在柏林。我父亲在 1921 年再婚，我最终回到慕尼黑和父亲一家一起生活。

对我来说，这种不断变化的家庭环境意味着宗教和教育的多样化培养。我父亲是犹太教徒，母亲是路德教徒，而继母是天主教徒。我同时接受路德教和天主教的宗教教育。在巴伐利亚山村，年少的我参加天主教堂活动，也帮神父做事，我还自愿遵循清规戒律，开始为自己的修士生活做准备。1918 年，我父亲从战场复员回家，这本应是我生命中一个重要的日子，老师允许我离开课堂到外面去见我父亲。但我拒绝了。我认为我必须履行学生的职责，留在课堂上，等到放学后再去见我父亲，虽说我们已经有四年没见了。最终，老师说服了我，我脱掉了苦行衣，和父亲在村子里愉快地散步。那的确是一次美妙的重逢。但在他提议我们去餐馆吃点冰淇淋来庆祝这一天时，我拒绝了，我不能吃冰淇淋，我必须斋戒苦行，我不能允许自己有这样的快乐。我可怜的父亲认为我已经疯了，从某种程度上说，我也觉得我疯了。那时我才八岁。事实证明，正如人们所说，这是一个阶段性行为。但或许是因为受到我那具有象征意义的出生地点和时间的微妙影响，或许是因为历史风暴不久就在我身上肆虐，又或许是因为受到我父亲的影响，在我整个青年时代，我一直在担心诸如战争与和平、生与死的问题，而这些问题通常不会钻进一个小男孩的脑袋。

尽管当时我无法用语言形容，但有种信念在我心中慢慢形成——对人类导致的暴力死亡进行美化，就是在侮辱上帝，生命的赐予者。对我来说，我的生命是一笔价值无限的财富。我的死亡应该是我生命的巅峰，是我的灵魂在肉体形态上的自然终结。人为刻意造成的过早死亡，将会是一场大悲剧。这不仅是无奈死去的我的悲剧，而且也是上帝的悲剧，因为他为打造这个生命容器所花费的亿万年精心准备，即将化为乌有。

随着年龄的增长，我越来越有意识地热爱生活：爽朗的清早，空气的味道，树木的色调，老街的美好，城市的喧嚣，群山的孤傲。我生命中最重要的事情就是我的诞生。我碰巧出生在一个叫柏林的地方，出生在一个叫德国的国家。一切看似偶然，我却认为我的生命是一份至高无上的礼物，而这功劳只归上帝所有。这种想法或许源自我家庭的国际化，但它本就非常符合我内心深处的感觉。

出于某种原因，我意识到我的大多数同学，还有我弟弟，对生命有不同的感受。至少从表面上看，我和他们没啥不同。我踢足球，爬山，擅长体操，还是学校田径队的百米短跑选手。我总比我弟弟跑得快，这一点让他很恼火。有一次，他注意到我因为阅读而顾不上跑步，就暗下决心，要加强训练，然后击败我。就这样，他刻苦训练跑步，然后向我发起挑战。我合上书本就和他赛跑，结果和往常一样，还是我赢。他从未完全原谅我，当然我也不能怪他。

跑步、爬山和玩耍让我乐在其中，但我最爱的还是书本。我6岁时，亨尼·勒克斯姨妈送了一本拉丁语德语词典作为我的生日礼物。我至今还保存着。从这本词典开始，我打造了一个图书馆，目前这个图书馆大约有2万册藏书。12岁时，我买了人生第一本书——西蒙·纽科姆（Simon Newcomb）的《通俗天文学》（*Astornomy for Everybody*）。这本书在我书架上占据了一个荣耀的位置，旁边与之同享殊荣的是这个图书馆的第十本书：布鲁诺·H.

比格尔的《在遥远的世界》(*Off Far of Worlds*)，这是 1922 年我父亲送给我的圣诞礼物。

战后两年，我住在祖母家，她和我一起读歌德的《浮士德》和其他作品，歌德是一个极具人文魅力的德国人。我祖母是菲利克斯·门德尔松家族的旁系后裔，有些固执己见，她喜欢抽雪茄，是一个狂热的歌德迷。我 10 岁时，她带我踏上探寻歌德之旅，参观他住过的花园别墅、宫殿和魏玛公国周边所有他曾工作和生活过的地方。她玩得很开心，我也一样。难怪我在高中饰演了《浮士德》中的靡菲斯特（Mephisto）。为了纪念歌德逝世 100 周年，我祖母 75 岁时创作了一小段手稿，题目是"母亲们：关于歌德《浮士德》的诠释"。

尽管我一有机会就埋头看书——记得为了打破"不许在床上看书"的规矩，我偷偷把手电筒带到房间里——但我不相信自己会被人认为是书呆子。有可能我的运动天赋帮我摆脱了这个标签。总之，在小学和文理中学（相当于高中和大专），同学们都推选我当班长。

我对书籍的热爱，延伸到其他文化体验中。慕尼黑有两家歌剧院，十几岁时，我就多次在不同剧中当群众演员——《茶花女》中的侍者、《玫瑰骑士》中的仆人、《卡门》中的合唱团员、《游吟诗人》中的吉卜赛人。通过这些角色的扮演，我不仅欣赏了歌剧，每次还能得到 10 马克的报酬。

每个星期天，我们全家都会去参观美术馆或博物馆。而在去之前的星期六晚上，我父亲都会捧着厚厚的《艺术史》，介绍第二天将要观赏的绘画作品。对我弟弟来说，这是一种折磨，因为相对于文化来说，他更喜欢机械；而这一切给我带来了不少快乐。

阅读难免会把我从一种兴趣引向另一种兴趣。首先，阅读能帮我完成很多工作，同时我又用做家教获得的收入买了更多的书。阅读让我踏上认真研究天文学之路，几年后（1942 年）我在《科学哲学》杂志发表的一篇文章《质数与宇宙数》是这一研究的顶峰，这篇文章证明了数学与物理学的一致性定理。我对天文学一直很着迷，到现在我还留着一台拥有超强功能的望远镜。我时常把它搬到库埃纳瓦卡家中的天井里，对着墨西哥疏朗的夜空，观察星座、土星光环和木星的卫星们。

在高中的最后几年，我开始接触摄影，并在学校和报纸竞赛中赢得了不少奖项。后来，这项摄影技能派上了大用场；事实上，正是摄影，帮助我在巴黎度过那些饥肠辘辘的日日夜夜。

尽管有这些兴趣爱好，我还是不断地回到那些似乎从未进入其他孩子脑海的想法上来。在他们看来，生命的反义词不是死亡，而是成为非德国人。生为德国人，死为德国鬼。我大约 15 岁时，有一天在学校，我完全意识到了这种观点上的不同。有位老师显然是旧帝国学校的先生，有段时期，他要求我们每天在上课开始时起立，以合唱方式重复一句效忠誓言："我生来就是为德国而死的！"有一天，我们刚念完这句套话，我就发现这誓言是错误的。等其他人都坐好了，我还站着，并说："先生，我认为，我生来就是为德国而活的。"老师带着好奇又厌恶的眼光看着我，就像看着一只令人生厌又有趣的虫子。随后，他让我写篇文章来证明自己的奇特说法。

这篇论文我得了高分，但老师从未和我讨论过此文。他也没有和我讨论过我写的另一篇关于死刑的论文，我主张：国家无权剥夺个人的生命。我认为，这是一个神圣法的问题。老师在空白处写道："那么我们也不应该被允许消灭臭虫。"我在他的评语下面写道："是的，在臭虫的国度，我们不应如此。"我把论文又还给了老师。但交流就此结束，再无下文。

因此，尽管我能在文理中学时提出我的观点，即人类生命具有无限价值，国家有道德义务让暴力魔爪远离生命，但令我烦恼的是，我无法像证明毕达哥拉斯定理或 2+2=4 那样来证明我的观点。我之所以能证明这些数学事实，是因为对算术和几何学等科学有所了解，但我不知道以哪门科学为前提，可以得出生命具有无限价值这样的结论。

我经常反思早年与死亡相关的四段初体验，反思无数的战时痛苦和悲剧，反思数以百万计的人死于非命——在我看来，他们是白白送死的。在那个阶段，我把战争及其对人类生命价值的贬低完全归咎于德皇和他的制度。

我的结论是，在 1914 年，不管他是否意识到，亚历克斯叔叔是从人的角度而非军事角度看待战争的少数几个人之一。他只不过是个想要活命的普通青年，因为他还很年轻，而且不够老练。他还没老练到对战争的必要性和光荣性进行合理化解释。他只不过是这个时代又一个无辜受害者。在这个时代，国家鼓励出生主要是出于军事上的考量。在德国，女孩被寄予成为"战士母亲"的希望，一个士兵的母亲，这就像一首淫秽的流行儿歌鼓励德国少女张开双腿，只是因为德皇需要更多士兵。

同样，我本来也是作为一名潜在的士兵而出生的，也是注定要为德皇而死的。我的出生，对天地而言是宇宙大事，对我而言是生存大事，对我父母而言是幸福大事，而对德国而言，只不过是军事上的一件小事。生命是劳动力，是国家集体力量的微小一分子。因此，生命就被还原成一个军事供应的问题；恋爱被还原成交配这一生物学行为；婴儿出生时的喜悦，变成了补给战争物资的满足感；而死亡，则变成了一个统计学意义上的数字。

在帝国时期的德国，这种把生机勃勃简化成死气沉沉的做法是相对含蓄、不明显的。而在希特勒统治下的德国，这一切变得昭然若揭。在希特勒帝国，从关于种族纯洁性的《纽伦堡法案》①到官方的"交配场地"，交配成了一件受管制的事情，而死亡则变成了用驱虫毒气实施灭绝的行为。

就这样，在 17 岁那年即将从文理中学毕业之际，我苦思冥想了很长时间，因为我必须决定这一生要做什么。既然我认为战争是疯狂的，那么我推断和平必定是理性的。因此我一方面摒弃一切主张暴力的信条，无论是纳粹主义还是法西斯主义。我认为，所有这些都属于非理性和暴力范畴。另

---

① 1935 年，纳粹通过了《纽伦堡法案》。该法案剥夺了犹太人的德国公民身份，禁止犹太人与非犹太人通婚，还强制推行其他限制与规定。该法案的颁布标志着纳粹对犹太人的迫害达到了顶峰。——译者注

一方面，我不得不承认，只说战争是疯狂的并不能自圆其说，因为战争问题是由成百上千块碎片组成的复杂拼图。我下定决心，总有一天我要想办法把这些碎片拼凑成一幅连贯的图画。我坚定地认为，钥匙就藏在对以下这个问题的正确解答里："为什么杀人犯在战争时期会获得勋章，而在和平时期却要坐电椅？"我在1927年5月17日的日记中写道：

> 我看到一些不同寻常的事情。冯·兴登堡刚刚在电影和新闻里都露面了。人们鼓掌欢呼，人们似乎总要为热情找个宣泄口。我们必须多加小心，不要把这种对热情的渴求导向军事方面。那就必须要指引一些方向。

我开始向自己提出一些相当棘手的问题：人的生命价值是什么？这个生命与国家和上帝之间的关系是什么，它从何处来？生与死的关系是什么？国家有权剥夺属于上帝的生命吗？我的生命只不过是一枚筹码，或是当权者的一个代币吗？又或者，我是造物主的后裔，和宇宙组成一个整体，哪怕只是很小的一个整体？说到底，究竟我是为国家而生，只要当权者或外交官犯下致命错误，国家就有权夺走我的生命；还是我为上帝而生，上帝会在一切安置妥当时带走我的生命？上帝和军事国家，哪个是真理？我突然意识到，有些人不知不觉选择以军事国家作为拥有更大权力、更大价值的一方；还有些人设法同时服侍上帝和军事国家这两位主人；另外有些人——虽然数量不是很多——认为上帝拥有至高权力，并以此来抗拒军事国家。

这些问题在当时是（即便现在也是）不太容易回答的。举个例子，有人认为军事国家是由上帝创造的。它的存在是"因上帝的恩典"，它"在上帝庇佑下""与上帝同在"。国家和上帝之间到底有没有区别？如果有区别，那么两者的职责就可能发生冲突，我将不得不在两者之间做出选择。既然身为一个理性人，我对自己的行为负有道德责任，那么在这种终极关注的问题上，我就不能听信任何人的说辞。我有义务自己做决定。这就意味着，我必须尽我所能了解国家、人类和上帝。在我日后持续这种痛苦的探寻时，我知道我还必须弄清楚我的自我，我的内在自我。

我想暂时来简化这个问题。我自问，出生为人和成为一国公民的相对价值是什么？我因为爱而出生，我因为法律而成为一国公民。你是哪个国家的公民，取决于出生地的偶然性。我也可能生为俄国人、英国人或美国人。要我说，国家把无关紧要的出生地看得比出生本身、比一个人的生命更重要，这对我是一种侮辱和不敬。在我看来，我是为了人类而活的，出生这件事本身就很重要，而非其他。无论我这一生取得什么成就，为人类做什么，我都会通过发展与生俱来的天赋和才能来实现。毫无疑问，国家会从各个方面帮助我，不仅有学校和大学等教育部门，还有包括从排水系统到交通、公共设施和通信系统的所有部门。反过来，国家也对我的忠诚和才干有要求，它把我与其他人联系在一起。

对于这个国家，我是有感情的。我把它看作所有一切的总和，包括男人、女人和孩子，房屋、企业、工厂和组织，滋养万物的大自然，乡间田野的动植物，以及所有在这片碰巧被称为德国的土地上遵循上帝旨意自然生活的一切事物。但究竟什么才是"我的国家"？是柏林的城堡和宫殿，是旗帜和护照？是军队和它的配饰与制服，是相对于其他国家本国的整个军事装备，是把士兵战靴、毁灭机器和其他的战争恐怖传播给全世界的地方？是在永恒的生活节奏中，6500万名男女有规律地开展日常生活，并把光明和文化传播给全世界的国家？有一次，我坐夜车从慕尼黑去往柏林，朝窗外望去，我看见远处有颗星星在黑暗中闪闪发光。火车以每小时80英里（1英里约合1.61千米）的速度飞驰，但那颗星星几乎纹丝不动，它与我的距离也没有改变过。宇宙是一个冷漠的旁观者，这一点让我心灰意冷。我记得第二天早上醒来时还为此难过。火车停靠在安哈尔特站，我走到大街上，沿着科尼格莱茨大街一直走到波茨坦广场。突然，行色匆匆的路人、急不可耐的车辆，小贩们的叫卖声、有轨电车的轰隆声和叮当声，整个城市的晨间生活气息扑面而来，席卷我全身。我充满着对生活的强烈渴望。我想，为这座城市，为这个民族，为这个世界工作有充足的意义。如果行事得当，这份工作也会对宇宙有意义，即便它如此平静而遥远地观望着我们。

我认为，这才是真正的柏林，真正的德国。因为这是活生生的柏林和德国。我热爱它，在特定情况下，我愿意为之而死，就像我愿意为拯救溺水儿童而死，为拯救遭受歹徒袭击的人而死，或为拯救火灾的受害者而死。我坚信，这些都是一个人可以为生命而献身的方式。

但是，作为一个被人爱和爱人的人，我能无视受政治权力刻意安排并为之服务的人内心的悲痛和绝望吗？我能用对同胞的同情心来换取一堆集体荣誉吗？这难道不正是又一次真相与荒谬、现实与假象之间的选择吗？因为军事国家的荣耀是用数百万名男女老少的死亡换来的，这绝不是我的荣耀。把荣耀归于每个个体，是把集体的属性分配给其成员的谬误。这种谬误的例子在逻辑教科书中比比皆是。"人是无数的；苏格拉底是人；因此苏格拉底是无数的。""群体是愚钝的；约翰是群体中的一员；因此约翰是愚钝的。"这些例子中的推理显然是谬误的。但对德国人来说，"德国是强大的；我是德国人；因此我是强大的"，这种谬误并不明显。因为1914年德国在军事上很强大，所以每个德国工人或邮递员都认为自己很强大。他的民族自豪感基于一个假象。他借用了德皇的辉煌，却发现那只是他制服上闪亮纽扣的反光。他沐浴在当权者上演的军事奇观的光辉之中，他混淆了事实与虚构，从而放弃了个体生命以及生命所包含的全部身体、思想和精神。

在我看来，要成为一个德国人，就不得不把人跟人的兄弟情谊限制在一个小圈子内，就不得不从集体角度出发来观察与思考。就集体而言，死亡是统计数字，而无关人道；"损失"是可以补救的；部队是可以更换的。唯有数字最重要。战争初期，有家柏林报纸发表社论："我们仍有6500万人；10万具尸体无足轻重。"在第一次世界大战中，德国有1,808,545人丧生，占其总人口的3%。战后6年半内，高出生率填补了这一损失。因此，从集体的角度来看，可以说德国毫发无损。但每个伤亡数字背后都是一个人，一个被人爱与爱人的人，他的损失不可替代。这是一条逝去的生命，一条被白白浪费的生命，一条被扔进战争窟窿的生命。据说，国家剥夺人的生命是为了保护整个集体。难道个体的生命价值就一定低于集体的价值吗？我倒认为，或许在真正的价值尺度上，个人的损失要远比国家的所谓收益更重要；或许个体的具体价值要高于集体的抽象价值；或许人口统计的简单算术题在道德上是错误的，因此也是真正错误的。

我觉得这样的计算是错误的，我从未觉得自己无足轻重，但我不知道错在哪里，当时我还不具备用知识工具来证明把数字应用到人类身上的谬误。我所能认识到的是，我所经历的一切都有两面性：国家和人类。当两者发生冲突时，我选择站在人类这一边。

我在这些想法中越挣扎，真相就变得越清晰：亚历克斯叔叔不是为了德国而献身，而是为了最高统帅德皇及其军事体系而送命。他为了德皇的愚蠢而死，因为德皇没有预见到玩弄权力所带来的灾难性后果。他的死轻如鸿毛。上天赐予生命时也赋予其使命，每个接受生命的人都有义务充分履行自己的使命。把上帝赐予的生命这样弃如敝屣，我认为简直就是罪大恶极。

德国人民从第一次世界大战中吸取了教训，这令我深感欣慰。在 1929 年 1 月 6 日的日记中，我写道：

> 我有一种把一切都记录下来的冲动。在我出生的年代，德皇威廉二世的画像在每个德国家庭都被顶礼膜拜。这一事实，连同战争中悬挂其上的五脏残骸，被炸毁的潜艇，被烧焦的坦克手，在我看来是如此的荒诞，以至于不用白纸黑字写下来，我都觉得难以理解。感谢上帝，我们已经输掉了这场战争，这个体系已经消亡了。

当时我并没有意识到，德国的军事体系根本没有消亡，它仍然具有致命的杀伤力，仍然强大到足以将死亡散布到全球各地。

就在这时，阿道夫·希特勒正在德国播下新的种族仇恨、非人道和军国主义的种子。我第一次见到希特勒是在 1924 年，他因发动慕尼黑啤酒馆政变，企图推翻巴伐利亚省政府而受到审讯。我和几个同学一起，逃课去观看审判。那场审判令我们印象深刻。面对检察官，希特勒用雄辩的口才扭转了局面——看起来不像是他在为自己的叛国罪辩护，而像是他在起诉巴伐利亚政府对不幸的巴伐利亚人民犯下的经济罪行。法庭对他从轻发落，判处他五年监禁，六个月后有资格获得假释。服刑九个月后，他被释放，在此期间他完成了《我的奋斗》的大部分写作。

当然，我那时并没有意识到纳粹运动的全部含义。我听说过纳粹俱乐部，他们一直在招募，不分老少。事实上，我们学校也组织了一个俱乐部。我偶尔应邀参加集会，才搞清楚里面到底是怎么回事——组建俱乐部，除了带有政治目的，同时也为了招揽同性恋者。在接下来几年里，我从一开始担惊受怕，到后来知道这个变态的怪物正在发展成为一场蓬勃的政治运动，这多少让我吃惊。

我觉得必须尽我所能来阻止这种势头。我开始竭尽全力地学习政治学和法学。我以为，法学一定会告诉我什么是对的，什么是错的；它一定会帮助我组织"善"，因为纳粹正在组织"恶"。1926 年在完成文理中学学业后（1925 年我们从慕尼黑搬到柏林），我在德国政治学院读了一年政治学，又去巴黎大学学习了一年法学，还去伦敦政治经济学院学习了一年。1929 年我回到德国，并于 1932 年获得了柏林大学法学学士学位。我成了县法院的一名助理法官，后来是区法院助理法官，同时还在柏林大学讲授行政法和法哲学。

借助在三个国家的大学里获得的知识工具，我尝试扫除纳粹的恶潮。作为马克郡贝斯科区的一名助理法官，对那些企图用爆炸、殴打、破窗和其他破坏财产的暴力行为来恐吓人民的盖世太保，我尽可能处以最严厉的罚款。在某个夏天的夜晚，在纳粹公开集会结束后，我失去了理智，愤怒地站起来大声谴责他们的运动。还没走多远，我就被一帮褐衫党人①从一扇开着的窗户扔了出去。从 1929 年到 1932 年，我定期在亲社会民主党的集会上演讲，并为该党广泛发行的周刊《自由之言》(*Das Freie Wort*) 撰写了许多反纳粹的文章。

1932 年 9 月，我写了一篇名为《妇人希特勒》(*Die Frau Hitler*) 的文章，我在文中指控纳粹领导层是由同性恋者主导的。②我总结道："纳粹运动不仅调动了德国所有的愚

---

① 德国纳粹的武装组织。——译者注

② 哈特曼学院意识到，这一段落如被断章取义，可能会冒犯某些群体。哈特曼学院在此寻求宽容与理解，并希望如下注解能有所帮助。年轻的罗伯特·希罗考尔（Robert Schirokauer）在逃离纳粹德国后成为罗伯特·哈特曼，在 1932 年发表了这篇文章。它写在一个同性恋被歧视的时代，纳粹对它的公开实践与他们的普遍堕落有关，无论是同性恋还是异性恋。在此它反映了纳粹所提倡的堕落文化。哈特曼的余生致力于寻找组织"善"和与各种邪恶做斗争的方法，特别是纳粹所表现的仇恨、暴力和不容忍。

蠢力量，而且调动了它所有的邪恶本能，调动了它所有的政治丑恶。"

《妇人希特勒》发表后不久，我开始撰写一篇论文。这篇论文将给我猛烈一击，直接穿透我的表层存在，并差点置我于死地。柏林大学将举办一场题为"国家与政党"的教师研讨会，届时我将发布这篇论文。我投入大量时间准备论文，发现自己被一股力量推着不断前行，越挣扎便陷得越深。让我绞尽脑汁的，不仅是国家与政党的问题，而且也是生与死、战争与和平、一与多的问题，最终是上帝的问题。因为一旦你开始探寻，并且不停追问，最终你一定会触达关于上帝的问题。我感到干劲十足，要去证明贯穿我整个青年时期的信念，这些信念以某种令人困惑的方式一直堆积在我心里。

某个星期天，我开始把我的想法写到纸上。接踵而来的是令人疯狂、沮丧和恐惧的七天。不可思议的是，回想那可怕一周发生在我身上的点点滴滴，我觉得每一分钟都历历在目，永生难忘。

1932 年 12 月 12 日，星期天，我们全家步行去看望我的祖母。我一个人落在后面，比其他人晚到了半小时。我拿着纸笔坐在房间的一个角落，忙着写我的草稿。家人们让我参与他们的对话，也被我无礼地拒绝了。我说我不想把时间浪费在闲聊上，因为我有更重要的事要做。我认为，对整个问题要深入挖掘。政党是国家的一部分，政党与国家是部分与整体的关系。

回到家，我整晚都坐在书桌前。父亲走进房间，提醒我已经午夜了，该睡觉了。"好的，好的。"我说。凌晨3点，父亲再次来到我的房间。我仍然坐在书桌前，不停写着。父亲坚持要我上床睡觉，我答应了。早上7点，父亲又进来了。我是在床上，但灯还亮着，我还在写着。整个星期一我都在书写，没人能说动我去和家人一起吃早餐、午餐和晚餐。放在我桌上的食物都保持原样。我不停地在写。从星期一晚上到星期二全天，我没日没夜都在书写，滴水未沾，废寝忘食。当我被要求处理日常家务时，我变得越来越暴躁。我推掉了所有约会，不接电话，甚至也没梳洗。星期二晚上，我又写了个通宵。星期三，父亲走进我的房间，坐在书桌旁，询问我论文的情况。

我告诉他，我正在研究一个关于世界的宏大计划，包括万事万物：从物质的最小粒子——电子和质子，到由电子和质子组成的原子，到由原子组成的分子，到由分子组成的细胞，到由细胞组成的人，到由人组成的国家或民族，以此类推，到五大洲、太阳系、银河系，再到宇宙。我说，整个世界是一个整体，尽管它由这些数不清的部分组成。父亲指出，我没有紧扣自己的主题"政党与国家"。我回答说，要想解决这个问题，就只能通过解决"一"和"多"的问题来实现。

后来我父亲回忆说，在某种程度上他被我思考的范围震住了，所以让我继续写下去。从星期三到星期四，再到星期五，我都在写。他只是试着时不时让我吃口东西，并和我谈谈所写的内容。他说，我滔滔不绝讲起"一"怎样才能得到最好的表达，就像数字"1"那样；要是"一个宇宙"也可以分成许多的分数，那样就可以用数学来计算了。我说我正在计算某些适用于原子、分子、星系、人和国家的一般规律，并且已经发现连接分数与几何线的数学定理。回忆这段对话时，我父亲说他不太明白我说的话，而且感觉我自己也不太明白。但不管怎样，他还是让我继续写下去。

星期五那晚高潮迭起。由于担心我，父亲睡得很浅。在那晚的某个时刻，他听见门外传来我的脚步声，就等着我敲门。我没敲，于是他起身打开了门。后来他告诉我，当时我就站在漆黑的走廊里，浑身颤抖，头发湿透，目光呆滞。我说："我很害怕，我见到了上帝。""这种事是有可能发生的。"

父亲安慰道，并建议我在他房间睡下。我说："不，我不能睡，我只想你在我身边陪着。"

父亲陪着我，一起回到我的书桌前。我把字写在小纸片上，硬纸板上，卫生纸上，任何我能找到的白色物品表面上都写着字。我解释道，思绪稍纵即逝，以至于我没时间寻找合适的纸张，所以不管手头有什么都拿过来写。父亲说，最好是慢慢来，按顺序书写。我不耐烦地回答："**不是我在书写，我在被书写！**"

父亲后来说，大部分书写内容都不合常理。有一句这样写着："做上帝一定很可怕。上帝是恐怖的。弄瞎我，再弄瞎我！"我不确定我是否知道自己为什么要写这句话。那是我烧掉的纸条之一，因为再多看一眼都会让我抓狂。但是容我推敲一下。当从近处看，我们可能看到一样东西是令人愉快的；然而我们就一定认为从远处看它不会变得可怕吗？随着视角和关系的改变，像仇恨一样的恐惧，难道一定不会转变成爱吗？当我触及思想的底部，我发现了黑暗、混沌和无助。不知何故，我把它与上帝联系起来，只是我不再记得怎么连接和为什么连接了。但上帝呈现给我的恐怖程度难以言表。我想，这一定就是别人所说的"灵魂黑夜"；对我来说，则是"可怖而迷人之神秘"。

　　父亲再次要求我到他房间去睡觉，我还是拒绝了，因为我不想忘却这段经历，我想把一切都记下来。于是他陪我一直到天亮，而我继续书写。已经是星期六，我又写了整整一天，然后又是整整一夜。那是我身体所能承受的极限。我倒下了。我无法写字，也无法说话，我看不见，也几乎不能动弹，我还发起了高烧。我被抬到床上。有人喂了我一些苹果酱。这时医生赶过来了。我对他说："在这一刻，一个新世界诞生了。"我想我的意思是，我瞥见一个充满和谐与价值的新世界，一个也许有恐怖但同时有爱和怜悯的世界，一个真正的精神世界。不管我怎么说，医生面无表情地回答我："年轻人，你这是精神崩溃。""精神崩溃，"我重复道，"这是个好词。"当我听到"精神崩溃"这几个字时，我无法形容那种解脱感。就是它，一种疾病而已，没有神圣的启示或类似的东西。它让我感觉又回到了安全的地面；它是一块可以紧紧抓住的木板。因为精神崩溃是一种明确的可意识到的东西，是一种常见现象，人们可以用熟悉的、有经验的方式来应对它。

　　医生向我父母解释道，我的脑部有危险的炎症，它是由大量且持久的精神刺激引起的。他说他不确定我能否挺过这一关，也不确定就算我活下来，神智能否清醒。他用这样一句话来安慰我父母："如果他真的康复了，这样的精神崩溃就不太可能会复发。"

第二天，我被送到柏林的慈善医院，在那里待了将近六个月，我挣扎着从虚无的深渊里爬出来，逐渐恢复理智，恢复视力，恢复生命。慢慢地，时进时退，忽上忽下，我成功地爬了上来。那真是一次令人震惊的经历。我尝试着将一生的思考都塞进一个星期里。事后我反思，这一切的开始不过是一点点小小的好奇心。我就像一个在岸边玩耍的孩子，碰到了一点水，还想再多碰一点，再蹚一点水，再多蹚一点，直到被突如其来的滔天巨浪吞没。无论怎么挣扎，我都无法浮上水面呼吸。这真是太可怕了！对我来说，这是一片混沌的回旋，但或许也是秩序的开端。它是我生命的底盘，但或许也是我生命的根源。我被送到病床上时，听到医生告诉我："你已经失去了平衡。"他是对的。我的头脑压倒了我的身体，并且几乎摧垮了我的精神。当我从至暗中走出来，沐浴在健康的阳光下，生平第一次，我开始目睹我的生命是完整的、平衡的。生平第一次，我的生命开始有了意义。

1933年1月30日，我住院还不到两个月，阿道夫·希特勒就任德国总理。我5月份回到家中，得知纳粹分子为了回应我的文章和演讲，已经在挨家挨户搜捕我。幸运的是，他们的恐怖活动还没能有效地组织，等我从慈善医院回到家，他们已经暂时把我给忘了。

不管怎样，是时候决定要不要离开德国了，就像其他数百万名德国人一样，是时候决定要不要度过那段腥风血雨的岁月（会一直持续到 1944 年）。这个决定包含着我对国家与人类生命的相对价值提出的所有问题，从那篇关于臭虫的论文开始，到疯狂书写的那一周为止。

早在 1933 年之前，我就已经意识到并揭露了希特勒潜伏多年的邪恶。但即便如此，要下定决心辞去德国公民身份还是很困难的。我可以留下来，"为德国献身"。可这种献身并不意味着为"我的"德国，为人民和他们的生命、河流和山谷、森林和海岸、城市和村庄，为整个充满活力的国家而献身。这将仅仅意味着为德国的政治和军事统治者而送命，就像我的叔叔亚历克斯为德皇而送命一样。

8 天来，我在地处柏林郊外的家附近的树林里散步，努力思考并决定我应该做什么。也许我对希特勒的看法是错的，而数百万名留在德国的人是对的，或者恰恰相反？希特勒会带领德国登上世界领导地位的新巅峰，还是会像德皇一样，把德国引向悲剧和毁灭？我认定，如果这个身怀巨大仇恨、暴力和谎言的人，像他宣誓的那样，把 6500 万名德国人组织成一台军事机器，那毫无疑问，又一场世界大战一定会爆发。更糟糕的是，纳粹有可能会赢得战争，并真正成为世界的主人，来实现他们的口号："今天我们拥有德国，明天我们拥有全世界。"

总而言之，在希特勒统治下的德国正是邪恶的核心。他已经掌管了德国，我们必须采取措施，阻止他继续接管和毒害全人类的头脑。

我自问：如果邪恶能被如此有效地组织起来，为什么良善却不能？有什么理由让高效率被世界上的恶势力所独占？为什么组织"善"如此艰难？为什么在历史上，好人似乎从未像坏人那样拥有那么大的权势？我下定决心要找出根源，并将我的一生投入到这方面的工作中去。

就这么决定了。这意味着我将不得不离开这个国家，因为在纳粹德国，我是一个有标记的人，我在这里几乎什么事也做不了。一旦我有了钱，我就会去民主国家。我想，那里将是组织"善"最肥沃的土壤。因为对我来说，民主国家只保留最低限度的军事装备。我祖母曾告诉我，例如在美国，军队并没那么重要。她说，士兵们一休假，就快速脱下军装，他们更喜欢穿便服。可以肯定的是，像所有国家一样，美国在其主权受到威胁的情况下，同样有权决定其公民的生死。但德国对她的公民来说会带来更大的风险，因为军事已经渗透到日常生活网络中。我意识到，美国同样对军事病毒没有免疫力，可以想象，她也可能会重蹈德国的覆辙；但我猜想她应该不会把人类价值和鼓吹军国主义混为一谈。如果她真会这样，我知道在美国这种伪装会比在德国更难察觉。因为美国是一个世界强国，因此军国主义可能会像手套贴合双手一样适合美国。然而，这一切顾虑都被我抛在脑后。只要我能到达美国，那里将会是我的国家。我必须尽快离开德国。

那些决定留在德国的人，纳粹军事国家攫取了他们的身体和灵魂，而那些为了效忠于真正德国而抵抗的人，则为他们的忠诚付出了被判绞刑的代价。我们这些逃亡的人虽幸免于殉难，但我们经历了善之消亡和恶之猖狂，我们心中悲怆，痛楚难当。希特勒犯下的罪恶罄竹难书：6年间，600万人在集中营惨遭谋杀，全世界总计5000多万人死于战争和刑讯室，每一次死亡都如炼狱般痛苦。

在社会民主党朋友圈中，我放出消息说我打算离开德国。6月初的一个夜晚，在一家啤酒吧烟雾缭绕的角落，我们一群人围着一张大木桌。桌子中央堆着一叠护照，这些护照都是通过各种途径为即将成为难民的人而准备的。有人伸手从这叠护照中抽出一本，说："这一本是罗伯特·哈特曼的。有谁想要？""这本归我了"，我说。靠着这本护照，我离开了德国。你知道，我的真名是罗伯特·希罗考尔。第二年冬天，在伦敦，主要为了阻止纳粹分子对我的持续追踪，我把法定的姓名改为罗伯特·S.哈特曼（S代表希罗考尔）。

1933年6月6日，我离开德国前往巴黎，身上只带了大约60马克和一台徕卡相机，我度过了一段悲惨的日子。这笔钱只维持了一个星期，而巴黎对一个落魄的人来说是残酷的。有一度由于心灰意冷，我认为我的家人是对的："是我疯了！"于是我下定决心要回家。事实上，我已经在开往柏林的火车上了。然而，当列车长用法语呼叫"全体上车"时，我从座位上一跃而起，冲下火车。那是一次侥幸的脱险。

万幸，徕卡相机拯救了我。我拍过一张巴黎林荫大道的风景照，一位难民同伴灵机一动，把它兜售给巴黎一家报社。报社居然真的买下了照片，我欣喜若狂。这点小运气最终促使我成立中央摄影社，这家摄影代理商专门出售照片给各个新闻集团。同年12月，我去伦敦尝试设立英国分部。可我收入甚微，甚至付不起几便士的煤气费。我不得不待在被窝里，以此取暖。记得那时的我会特意路过面包店，只为闻一闻面包的香味。饶是如此，小奇迹一个接一个，助我继续前行，直到 1934 年 5 月，我在一个阳光明媚的日子迎来转机。在伦敦航空邮政展的开幕式上，我例行摄影期间遇到了格哈德·扎克（Gerhard Zucker），一名 34 岁的德国年轻人。他发明了一种火箭，这是第二次世界大战中致命的德国 V-2 火箭和如今把人类带入太空的各种火箭的先驱。扎克希望他的火箭可以被用来运载邮件。他说，希特勒曾想用火箭来运送炸弹，但他不愿与之为伍，所以离开了德国。他的计划勾起了英国政府对火箭的兴趣，于是他在航空邮政展上设立了一个展台。我喜欢这家伙，他也同样欣赏我，我便同意担任他的宣传员。与此同时，扎克从一位名叫 C. H. 多姆布罗斯基（C. H. Dombrowski）的邮票收集商那里获得资金支持，如果此次火箭项目成功，他声称会赚得数千美元的收入。

然而，该项目遇到了许多障碍。只有德国才能生产出合适的火箭燃料，而纳粹已禁止其出口。弹药管必须定制，但在英国没人知道如何正确包装火药。火箭转轮还需要一种特殊的润滑剂，而英国没有。我们尝试用各种途径躲避纳粹的出口禁令，包括让多姆布罗斯基夫人前往德国，把燃料装在帽盒中带回等，均告失败。盖世太保十分警惕，密切监视着扎克、多姆布罗斯基和我的一举一动。因此，我们不得不使用替代燃料（威力要小得多）、替代弹药管（包装不专业）和替代润滑剂（黄油），而扎克必须重造火箭来适应这些替代材料。凭着德国人的倔强，扎克艰难前行。终于，万事俱备，我们将进行第一次试发射。1934年6月6日清晨，扎克、多姆布罗斯基、《伦敦每日快报》的记者和摄影师、一名集邮杂志的编辑和我，一行六人在苏塞克斯唐斯山顶秘密集合。天哪！发射成功了！火箭飞了三次，有两次载有信件，飞行了半英里到一英里的距离。第二天，《伦敦每日快报》在头版刊登了一个大横幅，"英国第一封火箭邮件"，还有一个副标题"报业集团计划在多佛和加莱之间开设一分钟邮政服务"。

政府对此很感兴趣，并安排我们做一次公开演示。扎克要从赫布里底群岛的哈里斯岛发射火箭，越过一英里水域，到达斯卡普岛。政府官员也到现场观礼。这将是有史以来第一次水上火箭飞行。遗憾的是，这次演示失败了。火箭爆炸了，大约有1200封盖有火箭邮戳的信件散落在整个海滩上。"这是弹药管的问题，"扎克解释道，"火药没有包装到位，是气囊引起了爆炸。"

扎克再次尝试，并于1934年12月成功发射了一枚火箭，但之前哈里斯岛的爆炸事件扼杀了官方对这枚火箭的兴趣，扎克再也无法收复失地。与此同时，扎克的签证已经过期，他不得不返回德国。在科隆，他刚下火车就被捕，被关进了集中营。他受到了威胁，要么合作开发火箭，要么被处死。扎克拒绝了合作。有一天，《汉堡奇闻报》（*Hamburg Fremdenblatt*）刊登了一则小告示：格哈德·扎克因"涉嫌将一项对德国很重要的发明出售给外国势力"而被处决。即便如此，扎克也已经延缓了德国研发火箭的进程，这足以在第二次世界大战中挽救成千上万名英国人的性命。又过了两年，德国生产出的火箭才达到与扎克生产的火箭相同的水准。

在这期间，我在伦敦遇到一个人，我认为有朝一日他也许可以帮我去美国。他是一个美国人（我猜是典型美国人，因为他坐着时把双脚搁在桌子上），他是迪士尼公司在英国的代表。我一直软泡硬缠，直到 1934 年 9 月的一天，我才从他那里哄得了在斯堪的纳维亚半岛代表迪士尼公司的工作（处理许可的相关手续和合同）。迪士尼公司在斯堪的纳维亚半岛的专卖店设在哥本哈根。

就在哥本哈根专卖店开张后不久，我父亲去世了。自从我离开德国去巴黎，我便再没见过他。他去了维也纳执导一部电影，我们也没有保持定期通信。10 月 2 日晚上，我突然醒来，浑身发抖，寒意透背，大汗淋漓，床单尽湿。我大喊："别让他死，天哪，别让他死！"我跳下床，打开灯，在房间里来回踱步。我感觉自己不由自主地被拽到了身处维也纳的父亲旁边。这是一种极其痛苦的经历，我仿佛被撕成了碎片。我尽我所能，想把注意力集中在周边环境上，但无济于事。最后，我筋疲力尽，倒在了床上。

醒来时已是早晨，我意识仍不清晰，只有一种雷雨欲来之前，有事正在酝酿发生的沉闷感。当时我不知道那是什么，夜里发生的事被我当成一个噩梦。毕竟，我从未听说过父亲生过病，这样的事情不可能发生。于是我去了办公室，继续工作。像往常一样，我去寄宿公寓吃午餐。当走进传达室时，我看到桌子上有一封电报。我缓缓走向它，我知道这是给我的，我知道里面是什么。电报上说，我父亲在昨夜去世。我赶到维也纳，才得知他患有肺炎，已经在康复中，但他经不起诱惑，夜里起身想完成一份未完成的手稿。血管中的一个小血块开始向他的心脏移动，他的心脏骤停。当时他只有 54 岁。我们在他的葬礼上播放了莫扎特的小情歌——一首小夜曲。

在维也纳，我意识到纳粹恐怖势力正在提升其办事效率。从哥本哈根赶来维也纳时，我在柏林的一位叔父家停留了一夜。在离开奥地利之前，我收到了叔父的紧急电报，他警告我返程时不要取径德国。纳粹已经到他家里搜捕我了。我听从了警告。我知道自己在伦敦就受到监视，显然，监视仍在继续。在接下来的七年中，情况一直如此。我在丹麦和瑞典躲过层层跟踪，直到最后越过大西洋来到墨西哥。我始终有种被人跟踪的感觉，所以时刻带着枪。空气中弥漫着死亡的气息。我有个朋友在斯德哥尔摩和一个漂亮的德国女孩约会，有一天晚上，女孩将他推入城市的一条河道，我朋友丢了性命。谁能料到，那女孩竟是盖世太保特工！

从1935年至1938年的这段时间，对我来说是一段插曲，在此期间，我在实现人生目标方面几乎毫无进展。不过，我的确在斯德哥尔摩大学的夜校学过物理学和其他科学，并尝试应用自然科学来解决善恶难题。我并没有走多远，因为那是一条死胡同。相反，我在迪士尼公司的工作进展顺利，特别在瑞典。1935年圣诞节翌日，在斯德哥尔摩的一位朋友家里，我遇到了丽塔·伊曼纽尔，这个女孩在1936年8月30日成为我的妻子。一切并不是按部就班发生的，因为当时我还没能攒够钱来偿还债务，更谈不上养家糊口了。我倍感焦虑，有一天我向未来岳父坦白了我的经济窘境。我坦言："在这种情况下，我不相信自己能承担得起和您女儿结婚的责任。"他很快回应道："这是我听你提过的第一个合理建议。我叫丽塔进来，我们一起告诉她。"丽塔进来评估完形势，然后以我闻所未闻的方式，狠狠批评了她父亲和我。她问："钱这种东西和婚姻有什么关系？"我想，这是我在道德价值观方面听过的最好的一堂课。那位可怜的父亲也被吓到了，同意批准这桩婚事。事实上，我们是在拉脱维亚的里加结婚的，丽塔的父亲正好在那里参与组建了一家纺织工厂，他资助了我们的婚礼。紧接着，在爱沙尼亚、芬兰和瑞典，迪士尼公司业务的发展也如我所愿，我们的日子渐渐走上了正轨。

我始终对纳粹保持着警惕，也一直认为美国是我的最终目的地。我们对整个生活的安排基于一个前提：也许有一天我们必须立即出发。我们把钱放在家里的保险箱里，而不是放在银行里。谁知道希特勒会不会以某种方式接管银行呢？

在将近四年的时间里，我们一直保留瑞典—美国航线[①]的不定期船票，以便随时可以搭乘下一班轮船离开。我们也确保自己的美国签证一直有效。每隔三个月，我们就会为快

① 瑞典—美国航线（Swedish-American Line）成立于 1914 年 12 月，从 1915 年开始提供从瑞典哥德堡到美国纽约的远洋班轮服务。——译者注

速逃生进行一次打包演练。1938 年 5 月 23 日之后，我们的儿子扬也加入越洋出行的演练中。1938 年 9 月 30 日，在《慕尼黑协定》签署当日，我们收拾好行囊，乘船远航，是时候让我们尽可能远离纳粹的魔爪了。

我们先到了好莱坞，与迪士尼公司协商，协商结果是，他们派我去墨西哥城工作，担任迪士尼公司在墨西哥和中美洲的负责人。然后，直到 1941 年年中，我才正儿八经地直面一系列重大事宜：终止我的商业生涯、移居美国、重执教鞭，以及认真地重启探寻组织"善"的方法。

此时，我弟弟亨利已经离开德国，住在纽约市。我去了美国驻墨西哥城领事馆，为我们一家三口申请访客签证，以便探望我弟弟。当时，我不是任何国家的公民。纳粹将我驱逐出德国，而我持瑞典外侨的护照旅行。当我们和领事讨论我们的身份时，他突然打开一个抽屉，并说："我只剩三张移民（不是访客）签证了，我可以签发给你们。"正当他说这话时，另一位领事官员走了进来。"伙计，"他说，"你难道不知道你可能会毁了这个人的一生？"他转过头，问我："你这一生想要什么？""哦，我想我要快乐地生活。"我回答。"你过得开心吗？""开心。""你有工作吗？""有的。""如果你去美国，你会有工作吗？""不会。""你有钱吗？""有。""比索？""是的。""你知道它们能兑换成多少美元吗？""知道，不会太多。""你知道美国可能参战吗？""我知道。""你知道你可能得服兵役吗？""我知道。""你知道怎么在美国找工作吗？""不知道。""我告诉你，那会很难。你看，"他回头对第一位领事说，"你正在毁掉这个人的一生。""好吧，"第一位领事说，"我给你时间考虑考虑，明天上午告诉我你的决定。"然后他合上了抽屉。

我和妻子彻夜争论该如何选择：是留在墨西哥，有很多钱，过着舒适的生活；还是去美国，从零开始，继续学习和教书。第二天上午，我回到领事那里，说我们决定办理移民签证。

到了纽约，我把命运寄托在一家教师职业中介的手中。找工作的事好一阵子都没什么进展，于是我开始销售真空吸尘器。"一边清扫一边舞蹈"是我向纽约的家庭主妇们推销时用的广告语，我成功地卖出了一台，佣金是 8.35 美元。幸运的是，没过多久，职业中介确实帮我找到了一份工作，在伊利诺伊州的湖森中学教语言，后来又教哲学和历史。这份工作让我得以在 1942 年进入埃文斯顿市的西北大学，攻读我的哲学博士学位。在我拿到第一份美国公民身份文件时，我曾允诺如蒙征召，我会服役。但我唯一一次应征是完成战略情报局指派的一项任务：通过扩音大喇叭在前线"训斥"德国人。而在我离开湖森中学之前，战争就结束了。

至此，我终于准备好重新开始思考如何解答关于生命、死亡和人类价值等诸多的问题。即使在收益丰厚的迪士尼公司工作时期，这些问题也一直困扰着我，从未停止。我已准备好重拾当年在柏林慈善医院被迫中断的那些思考。

第二章 "善"为何物？

1. 探寻

作为一名年轻人,有一天,我在日记里写下了我人生中三项主要任务:第一,找到战争的真正原因;第二,告诉人们这些原因;第三,研究作为社会和公共生活模式的法学,我认为可以由此找到理性的模式。

我开始在湖森中学任教,同时还在西北大学攻读哲学博士学位,在这个阶段我更加明确了我的人生目标。我见过希特勒组织"恶"的威力,我决定尝试组织"善"。我已经确信,组织"善"包括了解战争以及阻止战争。但我明白,要组织"善",我必须知道"什么是善"。这个问题开始给我的人生注入了意义。如果这个问题能够得到解答,那么也许"善"可以被科学地组织起来,也许我们可以像认识物质价值一样,明确而细致地认识人类价值。到那时,也许人类的尊严和价值能够及时战胜人类的愚蠢,和平能够全面实现,文明可以自由发展。我认为，事实必将如此。要么我们认识善、认识价值，并据此行事；要么我们就灭亡。我们别无选择。

我还发现，法学对寻求什么是善并没有太大帮助。我原以为法官总在判定谁对谁错，所以他们必定知道什么是善、什么是恶。但是，1932年我从柏林大学拿到法学学位时，我并没有从法学中学到哪怕一丁点关于善与恶的知识。法学中没有善恶，它只告诉人们什么是合法的，什么是非法的。法学工具可以被用来行善或作恶。和科学一样，法学在道德上是中立的。有了科学，你可以让撒哈拉百花齐放，也可以把世界变成一片沙漠。有了法学，你可以通过使其合法化，让邪恶显得善良。如此一来，哪怕是在战争中焚烧数百万人这样的邪恶行径，也有可能是合法的，你甚至会因此获得一枚勋章；但在和平时期，哪怕你只杀死一个人，那也不合法，你可能会被送上电椅。

德国的雷默案是体现法学的道德中立性的绝佳例子。1944年7月20日，一个装有炸弹的手提箱被人放在希特勒在东普鲁士总部的办公桌下，当天希特勒会在这里办公。然而，手提箱不知被谁推开了，当炸弹爆炸时，元首并没有受伤。参与谋杀的申克·冯·施陶芬贝格上校在外面望风，他目睹了爆炸，误以为炸弹击中了目标。他前往柏林，告诉他的同谋们,希特勒已经死了。他们立即开始接管。负责柏林警卫营的雷默接到命令,去逮捕宣传部部长约瑟夫·戈培尔。雷默带领手下走进戈培尔的办公室,说:"希特勒死了,我是来逮捕你的。"戈培尔说:"伙计,你疯了。希特勒还活着。"雷默说:"证明给我看。"戈培尔拿起电话,拨给了希特勒,并把话筒递给雷默让他接听。"我的元首!是的,先生!"他立刻听出了那个声音。他没有逮捕戈培尔,而是转身回去逮捕那些命令他逮捕戈培尔的人。

战后,在新纳粹党的一次竞选演讲中,雷默对一名年轻的抗议者喊道:"闭嘴!你这个叛徒的儿子!"这名年轻人正是参与那次谋杀的同谋的儿子,他以诽谤罪起诉雷默。于是,德国法院必须判定雷默究竟是诽谤,还是在说真话。这意味着,要判定那些试图杀死希特勒的人究竟是反对德国的叛国者还是爱国者;而这又意味着,要判定希特勒政府是一个诚实良善的政府还是某种刽子手帮派,或者说是一个非政府。此案一直上诉到最高法院,法官们听取了神父、牧师、拉比、哲学教授、政治学教授以及神学家的多方意见。(所有这些意见都被收集在一本引人入胜的书中,书名《雷默案》,以德语出版。)最终判决是:雷默对年轻人的诽谤成立。希特勒政府是非政府,它是一个篡夺权力的帮派。除掉希特勒是每个德国人的职责，而那个年轻人的父亲试图履行他的责任。因此雷默不得不入狱三个月。

现在，如果在最高法院判决之日希特勒再次掌权，同样一批法官，具有同样的合法性，但他们会说出完全相反的话，做出完全相反的判决。这就是法学。

请不要误解，我不是说法学不好。没有法学，我们无法和睦相处。我在为迪士尼公司工作期间，法学在处理合同和其他法律事务方面给了我很多帮助；它还帮助我更缜密地思考。但我知道，我必须到别处去寻找线索，了解什么是善，因为法学在道德上是中立的。

在哲学中受挫

那么，我们再看哲学。

四年中，我在西北大学俯读仰思，同时研究哲学和哲学家。关于我的课题"什么是善"，这段时间的进展令人沮丧。1946年，我获得了博士学位，我不太确定自己学到了什么，但我最大的收获在于，知道了什么是我不知道的。

哲学家们意识到，人类的发展是不平衡的，人类对世界的认识已经远远超过了对自我的认识，这很危险。人类已经学会了如何评价和控制自然,但没有学会如何评价和控制自我。哲学家们满怀担忧地注意到,即使人类已在为星际旅行做准备,在情感上也仍然活在石器时代。自然科学已经大大改变了我们所生活的物质世界,以至于恺撒大帝或哥伦布若再世,他们将无法理解这个世界。很不幸,同样可以肯定的是,耶稣基督会发现,2000年来人类几乎没有什么变化。因为耶稣感兴趣并希望建立天国的那片人类内在风景,看起来仍和他那个时代一样,荒芜又贫瘠,混乱而无序,无人照应,寸草不生。在这片景观上,所有耕耘工作仍有待完成——清理和耕种,公路的修建和通信网络的铺设。

麻烦在于,尽管哲学家们努力尝试,但像其他研究生命的学生和科学家一样,他们至今未能发现好方法,来弥合物理世界和道德世界之间日益宽广的巨大鸿沟。自柏拉图以降,历代哲学家都试图建立一门道德科学,一门价值科学。这门科学对社会科学(因此对人类关系世界)的作用,就像数学对自然科学的作用一样。但完全可以说,这些努力是整个哲学史上最令人沮丧的。

柏拉图曾倡导成立一个学院,要求其成员将支配恒星的规律与伦理学制度和规则联系起来,结果一无所获。笛卡尔试图制定一种"数学道德"。莱布尼茨认为,作为广义微积分的一部分，微分学是适用于所有科学和人文学科的普遍逻辑，因此，"两位哲学家在某一观点上有分歧时，与其徒劳争论，不如拿出他们的铅笔来进行计算"①。斯宾诺莎将几何学方法应用于伦理学。迟至 1695 年，尽管有"无与伦比的牛顿先生"，洛克还是认为自然科学不可能存在，但他从未怀疑过像数学那样显明而精确的科学伦理学存在的可能性。

但所有这些哲学家都未能建立起他们认为可能和必要的道德科学。依我现在看来，他们之所以失败，是因为他们使用了自然科学的经验方法；而伦理学或道德价值是无法用经验方法（实验、观察和预测）来把握的。一旦应用经验方法，伦理学就变成类似心理学或社会学的东西，继而消失不见。我了解到，这种伦理学是非常难以捉摸的，你必须恰到好处地接近它。

柏拉图最早注意到了伦理学的这种自主特性。在近代，伊曼纽尔·康德也观察到了这一点。到 20 世纪，英国哲学家摩尔对此又有准确描述。在西北大学，我刻苦研究摩尔的著作，并开始从中发现我一直苦苦追寻的友好线索，可以帮助我回答："什么是善？"

---

① 莱布尼茨语。——译者注

柏拉图在他那个时代提出这个问题时，他的回答闪烁其词：善的有趣之处在于，要找到所有善的事物的共同点极其困难。《智者》(*Sophist*)一书和其他著作将有用、快乐、满足和目的视为善；但是，柏拉图说，这些都是善的不同类别，而不是善本身，而他所寻求的是这些事物所共同拥有的善。用我自己的话说，一个好麦克风、一块好奶酪、一个好人、一辆好汽车和一个好妻子，有什么共同之处?

柏拉图的《理想国》中有一段著名的对话。格劳孔对苏格拉底说："这位长者，您已经谈了很多问题。现在，告诉我们答案吧。"苏格拉底如此回复：

> 我亲爱的格劳孔，解决方案不在这次对话范围之内。为此，我们不得不进行另一次对话。我不能告诉你善是什么，我只能告诉你它是什么样子。它就像太阳一样，泽被万物，温暖万物，使万物繁衍生息。

格劳孔说，这是个糟糕的答案。

我们西北大学哲学系的学生也认为，这是个糟糕的答案，我们想找到柏拉图给出好答案的另一段对话，但他从未写过，这段对话根本不存在。所以我们去问亚里士多德。亚里士多德在他的《伦理学》中说，有许多好的事物，它们可能有也可能没有共同的善，无论如何，这个问题不属于这篇特定论文的讨论范围。于是我们又走进死胡同。信不信由你，即使翻遍所有哲学的著作，我们也无法找到有关"什么是一般意义上的善"这个问题的解答。

摩尔的线索

正如我在西北大学所努力的一样，我们现在来看看摩尔。1903 年，摩尔写了一本名为《伦理学原理》的书，书名改编自艾萨克·牛顿爵士 1686 年所写的《自然哲学的数学原理》。牛顿这本书的内容是我们整个技术文明的基础，包括原子弹。正是牛顿，使得自然科学能够从自然哲学中脱颖而出。在牛顿之前，几乎没有自然科学，只有自然哲学。在牛顿之前，这些伪科学不可能变成化学和天文学。

为了对真正的伦理学科学及其基础进行阐述，摩尔创作了《伦理学原理》。他指出，纵观历史，哲学家们对柏拉图视而不见，一直在犯一个大错误：他们把善的不同类别误认为是善本身。他们混淆了属（genus）和种（species）。摩尔把这种混淆称为自然主义谬误。因此，从消极方面看，摩尔清除了许多哲学上的陈习陋见。然而，从积极方面看，摩尔发现自己举步维艰。什么是善本身？嗯，他说，只有老天知道，我不知道。没人知道。我只知道善的存在，却不知道它是什么。正因为如此，他的书，尽管基础，却很简短。

但摩尔不满意自己对善的无知，他一生都试图弄清楚"这世上到底什么是善"——正如他经常表达的那样。在《伦理学原理》出版近20年后，1922年，他写了一篇题为"内在价值的概念"的小论文，文中写道："我仍然无法定义善，但现在我可以对它做出准确判定。善，不是一种感官属性，它和感觉器官无关。它也不是一种描述性的属性，例如'高的''绿的''长的'或者其他任何你能看到、听到、闻到、摸到或尝到的属性。'善'不是任何一种此类事物，**然而'善'完全取决于所谓'善的事物'的那些感官属性**。"

摩尔的意思是这样的。假设吉姆和约翰要在停车场里吉姆的汽车旁碰面。"哪一辆是你的车？"约翰问。"哦，那是辆好车。"吉姆答。约翰会找到那辆车吗？不会，因为"好"不具备描述性的属性。不过，与此同时，约翰已经被告知了不少关于吉姆汽车的情况。他知道那辆车有一台正常运转的发动机，一个正常加速的油门踏板，正常制动的刹车，以及轮胎、车门、座椅等。如果没有这些属性，吉姆这辆车肯定不是一辆好车。

再比如，以瑞士奶酪为例。瑞士奶酪有某种气味，有孔，有某种密度，有某种口味，以及其他感官的、描述性的属性。但是，摩尔说，善不是上述属性中的任何一种，善不是一个人的感官所能反映的。你看不见善，闻不到善，感觉不到善，尝不到善，也听不到善。然而，他在 1922 年的《哲学研究》中说，善完全取决于那一组感官的、描述性的属性。他勉强总结道：但我不知道它是怎么取决的。

20 年后的 1942 年，摩尔对此仍然一无所知，他写道："如果我知道善是如何由描述性的属性决定的，那么我就能知道善的本质，我就能解决古老的柏拉图式难题。"16 年后，在他去世时，这个问题仍然没有得到解决。

就这样，我们这些可怜的哲学系学生，特别是立志解答"什么是善"的我，被抛上了云端。摩尔迫不得已得出结论：善是不可定义的，自然主义者所定义的是善的事物，不是善本身。那么，我该从哪里入手呢？如果摩尔是错的，那就没有善本身；如果他是对的，那么善又是不可定义的。无论哪种情况，"什么是善"这个难题似乎都不值得继续尝试解决。但如果承认不值得，就等于承认我的人生已经失去了意义。

就在这个时候，第一颗原子弹被投向了日本。我知道我必须继续寻找答案，无论有多沮丧。现在我们知道了如何制造一枚摧毁数十万人的炸弹，但我们似乎仍然不知道如何让自己成为好人。要是没有足够多的人早日找到"什么是善"这一问题的答案，我们可能会炸毁整个世界。

重启搜索

有一天，进退维谷的我突然有了这样一个想法：也许摩尔和他的自然主义对手都是对错参半的。也许摩尔坚持善的独特性是正确的，而自然主义者坚持以科学的方法寻求善也是正确的；也许摩尔错在声称善是不可定义的，而自然主义者错在他们犯下了自然主义谬误，即混淆了善的事物与善本身。

如果是这样，那么善本身又该如何定义？我在博士论文中尝试回答这个问题。我把普遍的善定义为适用于任何一帧情境的一种特征。我说，每一帧情境都是时间过程的一小部分。任何被称为"善"的过程都必须是一帧情境跟随着另一帧情境的过程。因此，每一帧情境的"善"是指该情境导致下一帧情境出现的属性，这属性就是导致下一帧情境出现的潜在可能性；下一帧情境之所以是好的，是因为它满足了前一帧情境的潜在可能性。

我借助几何学和物理学中的场论概念阐述了这一思想，并将我的论文命名为《场论能否被应用于伦理学？》。由此我获得了博士学位，但我隐约觉得不满意。在接下来的几年里，我在俄亥俄州伍斯特学院（College of Wooster）教哲学，在批改试卷时，我将一些论文评为"好"，而将另一些评为"一般"。我突然意识到，我的行为根本不符合我的理论。将一篇论文评为"好"当然不能确定一帧情境的潜在可能性，除非通过一些牵强的解释；我也并没有因为它满足了某一帧情境的潜在可能性，而将它评为"好"。我把它评为"好"，是因为它充分符合这个主题。我的论文大错特错。我犯下了自然主义谬误，把善本身与善的事物（这里指情境的潜在可能性）混为一谈。

我下定决心，唯有通过对"善"这个字眼进行分析，才能接近善的本质。

我花了好几年时间思考这个字眼。只要我读到或听到它，我都会记下它的用法。在《牛津英语词典》中，我发现了135种用法；而在《格林德语词典》中有528种用法。最终我收集了数以千计的样本。那是1948年，我已经离开伍斯特学院,在位于哥伦布市的俄亥俄州立大学教哲学。

那么,所有这些词语的用途有什么共同点? 1949 年,我大部分的休假时间都在尝试从成堆的证据中找出答案。终于,在圣诞节前一天的下午,我把一本书放回书房的书架上时,突然一道灵光出乎意料地击中了我,我知道我有答案了。

在平安夜的日记中,我写道:"终于找到了'善'的逻辑解答——**'x(任何事物)是某集合的好成员,意味着 x 是该集合的成员,并拥有该集合的所有属性。'**"在圣诞节那天,我又写道:"又一个创作的大日子。'外在善'定义完毕。'内在善'定义完毕。"为了证明我仍然脚踏实地,在最后一行我这么总结道:"丽塔烹制了一只完美的鸭子。"

解开摩尔谜题

我对摩尔谜题的解答如下:**"好"**[1]**必须与概念相关,而不**

---

① 好,是一般意义上的"好"(good);而善,则是伦理意义上的"好"(goodness)。有时原文也用"good",但意思却是善。哈特曼的探索,从"什么是善"这个伦理学主题开始,最终却意外找到了一般意义上的"好"的定义,也即价值公理。他在这条公理的基础上,创立了一门新学科:价值科学。——译者注

是对象。当一个人明白一件事物是好的时，他不需要知道所讨论事物的任何细节，但他必须知道某些概念，而该事物就是该概念的一个实例。就停车场里的汽车而言，约翰要理解吉姆所说的"好汽车"的意思，则根本不需要了解吉姆的汽车——即便他将无法找到这辆汽车——但他必须了解一些关于"汽车"的概念，而吉姆的汽车就是"汽车"概念的一个实例。约翰必须知道汽车是什么，但他不必知道一辆具体的汽车是什么。每当我们听到"好"这个词时，我们就在执行一个逻辑操作：**我们将头脑中的事物属性与所讨论的事物结合起来**。例如，对于我们可能一无所知的某辆特定汽车，我们赋予其一般汽车的属性，而我们对这些属性必须有所了解。我们从这个逻辑操作中得出"好"的定义，即所有好的事物都具有的共通性：**当一个事物具有它本应具有的所有属性时，它就是好的；换而言之，当一个事物满足它的定义时，它就是好的。也就是说，好是任何事物对其概念或定义的满足。**

客观与否？

一个好的麦克风应该具有麦克风本应具有的所有属性。一块好的奶酪应该具有奶酪本应具有的所有属性。一个好人应该拥有一个人本应具有的所有属性。一个好妻子应该拥有一个妻子本应拥有的所有属性。或者,笼统地说,一个好的 x 应该具有 x 本应具有的所有属性。我找到了"好"的普遍定义。

这意味着,在这里,我们是在一般意义上定义好,这里的"好"不是道德意义上的"对"。当我说"他是个好杀手"时,我不是指道德上的好,我的意思是他杀人技术很好。当然,这并不意味着他道德良善。如果我说"她是个好女孩",我也不是指道德上的好,我是说她拥有一个女孩本应具有的一切属性,她也有可能是个道德上的坏女孩。换而言之,我是指一般意义上的好,而不是道德上的善。

你如何知道一件东西本应具有什么属性?随着你长大成人,你会从你的父母、老师、书本、字典和自己的经验常识中学到这些。当我儿子第一次来到海边,他看着大海,看到自己的倒影,说:"爸爸,镜子!"我在他对镜子的定义中增加了一个新属性,我说:"这样的液体镜子叫作水。"

1949 年圣诞节后的一周,我去马萨诸塞州伍斯特市(Worcester)参加一个哲学协会的会议。在火车上,我彻夜呆坐着,思考着我的"创作",基本处于恍惚状态。我恍然大悟,我脑海中萌生的胚胎不仅是伦理学科学,而且是一门新科学。它不仅可以作为伦理学的参照系，而且可以作为所有道德和社会科学的参照系。跨年之夜，我在日记中写道："我感觉很好。"我想，"好"恰恰是这一年的收官之词。

可以说，我所得出的是一种叫"形式价值学"的科学。如今，作为价值理论的"价值论"在哲学上并不是个新名词，它在每本字典中都有定义，从柏拉图开始就一直有人研究。但"形式价值学"的概念是另外一回事。这个术语是1903年由德国哲学家埃德蒙德·胡塞尔首创的，他和其他人一样，试图系统地发展这个概念，却徒劳无功。同一年，摩尔也预见到这门科学，并准备潜心探索，却同样未能成功。

像数学一样，形式价值学也是一种逻辑，尽管是不同种类的逻辑（见图2.1）。说它"形式"，在于它有一条价值公理（"好"的定义）作为基础，并由此产生了一个价值系统。这个系统是一致的、普遍适用的、具有历史连续性的。它之所以适用，是因为价值公理的得出基于对价值现实的观察，可以说，这条公理是我从数以千计的带有"好"字的样本中提炼出来的。因此，从价值公理衍生出来的系统，对人文社会科学和人文社会情境的作用，就像数学对自然科学和自然情境的作用一样。

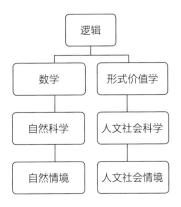

图 2.1 数学与形式价值学的比较

一般意义上的科学既不是自然科学,也不是人文社会科学。它就只是科学。**科学把一套逻辑参照系应用到一组对象上**。换而言之,一般科学是一种方法,它与任何特定科学的内容或主题无关。今天,我们有自然科学,物理学、化学、天文学等——它们是由数学来主导的。但人文社会科学,政治学、伦理学、管理学、社会学、心理学等——还没有形成与数学相对应的主导框架。事实上,这些学科都属于哲学,而不是科学。

一方面我们拥有爱因斯坦式物理学,另一方面我们又有亚里士多德式伦理学。亚里士多德也写了一本关于物理学的书,但他的物理学已不再被教授,因为它错误百出。亚里士多德伦理学和亚里士多德物理学一样是存在错误的，但人们仍然在学习。我自己有段时间教授其他哲学内容，课后我的学生会来问我："现在我们知道如何做个好人了吗？""嗯，"我会含糊其词，"你们本应该知道。"他们说："但我们不知道。"我不得不认同他们，我的学生们总感到失望和沮丧。在缺乏主导框架（价值科学）的情况下，我们发现很难表达善意和修成善果，因为我们完全不知道我们想要达成的究竟是什么。

我认为，补救办法是将人文社会科学领域的学科提升到一般意义上的科学的水平，这样我们就能精确地认识善和价值。在此基础上，道德学、宗教学、政治学、社会学，以及其他模糊不清、定义错误因此容易被误解的种种现象，就有可能成为精确科学的研究对象，我们就更能意识到奇迹和日常生活难题的重要性，意识到那些真正有意义的事情：天国之美，婴孩之笑，人类苦难，爱与慈悲。

到了1949年年底，我确信形式价值学可以成为价值科学的主导逻辑。但我第一次写信告诉同事们我的发现及其潜在可能性时，却没有激起太多热情。他们很有礼貌，也感兴趣，但正如有些人告诉我的那样，他们并不理解。1951年5月3日，美国哲学协会西部分会在伊利诺伊州埃文斯顿市举办年会。我将做一场关于"价值的逻辑定义"的主题演讲。
丽塔写信给她母亲：

　　　　他即将呈现关于"好"的概念的新逻辑理论，
　　他在这上面已经连续不断地研究了两年。这在哲学
　　上是一个全新的想法，它有可能会完全错误，人们
　　会嘲笑他，难怪我们俩都非常紧张。但是，一贯矜
　　持的哲学家们听完演讲后都很兴奋。很明显，过去
　　几年既不是浪费时间，也不是一种牺牲。会后，人
　　们好像被磁铁吸引一样站在他周围，他们迫不及待
　　地抛出一个接一个问题。每个人都祝贺他，他们同
　　时也祝贺我。

　　在发表演讲时，一开始我觉得听众是不相信的；不过，
当他们抓住要点时，他们对我的系统如何展开产生了兴
趣——这时，我知道他们与我同在。讨论既生动又持久。他
们想"趁热打铁"，没有人去赶下一场报告。我在日记中写
道："好东西让人感觉很好。带来这种美好感觉的似乎是一种
鲜明的对照——问题如此复杂，而解答如此简单。"
　　无论如何，形式价值学－价值科学——似乎已经扎下根

来。我说"似乎"是因为，尽管作为听众的哲学家们表现出热情，但那是对演讲的热情；我所担心的是，这不是基于对形式价值学的理解。正如拥有耶鲁大学斯特林教席的哲学教授保罗·韦斯所言，大多数美国哲学家都忽视了我，尽管有些人善意提醒我，说我完成工作所花费的时间很可能比我有生之年还要长。在拉丁美洲，我的运气要更好一些，我的作品在那里被广泛研究、翻译和讨论。

2. 意义

"当一个事物拥有它本应具有的所有属性时，它就是好的"，我开始对这一价值公理加以阐述，把它应用到每一天和每个人；换而言之，**要使"好"变得可测量和可组织**。12年来，这项工作占据了我绝大部分的注意力，在此期间，我分别在俄亥俄州立大学、麻省理工学院，以及位于墨西哥城的墨西哥国立大学（至今已有 6 年）讲授形式价值学。通过文章、小册子、书籍和讲座，我向遍布北美和拉丁美洲的哲学和其他人文学科的同仁们、我的学生们以及美国和墨西哥一些超大型公司的管理者们阐述了价值科学。我还将价值学应用于经济理论领域，有一项成果是开展工业利润共享的理论和实践工作——我曾担任美国利润共享工业委员会的组委会主席。同样，我还尝试将价值学应用于其他社会和人文学科，如政治学、心理学和伦理学。

反观本世纪，人类因自相残杀而死亡的人数比有历史记载以来的总数还要多，我们不难得出结论：有些事情已经误入歧途。诊断结果是道德沦丧，道德价值缺乏。我们不能再像过往那样，不能再为非作歹，那将会招致灭顶之灾。现在，和平与合作已成为人类生存的实际需要，这就需要我们进行改革。我相信，人类从未如此迫切地需要一门科学，使得我们对道德价值的认识和理解，能够像对技术和物质价值的认识和理解一样灵敏，从而引发一场价值科学革命。

我相信，这是人类有史以来第一次有可能建立这样一套系统。我觉得，运用科学知识来掌握道德世界，第一次可以与运用科学知识来掌握自然世界相媲美。自然科学已经改变过这个世界；一旦价值科学被认识、发展和应用，也必将改变这个世界。接下来，我们将尝试祛除神秘，日益敏锐，运用智慧把人类价值世界中模糊和混乱之处变得清晰、明了、有序，从而展示形式价值学如何引导我们认清身处的不同世界，为人类生活的和谐谱写有意义的篇章。

何为好"主我"？

将价值公理应用于诸如苹果、橙子、椅子、桌子、麦克风和航空公司等事物，是相对简单的。但是到底什么是一个好人呢？什么使我成为好人？根据价值公理，如果我拥有我本应具有的所有属性，我就是好人。显然，只有我能定义自己，其他人不能。当我第一次自问"我是什么"时，我说："嗯，我是一名哲学教授。"但那不是我；哲学教授只是我的一部分。而且我妻子也不是因为这个部分才嫁给我的。她嫁给我时，她甚至不知道我是个哲学家。我当时是一名律师和商人，也许两者都算不上，但她居然嫁给我了！很快我就发现"我是什么"这个问题没什么用。哲学家？对。丈夫？对。父亲？对。通勤者？对。食客？对。演讲者？对。天哪，我有万千化身。所以当我通过写出"我是什么"这一问题的答案来定义"什么会是好的我"时，我不得不画一个可能被分割成1000份的圆（见图2.2）。

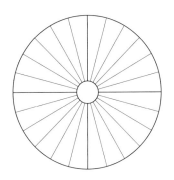

图 2.2 一个被分割为许多份的圆

而在社会网络中, 我和其他与我具有同类身份的群体连在一起 (见图 2.3)

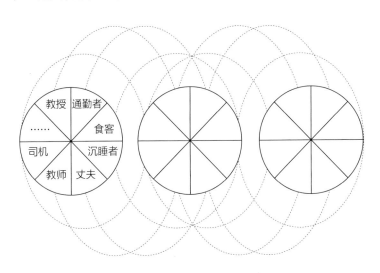

图 2.3 我和其他人的连结

作为一名教授，我身处其他 1 万名教授中。我是众多丈夫中的一员，众多食客中的一员，众多沉睡者中的一员，众多教师中的一员。但"客我"（me）在哪里？"主我"（I）又在哪里？所有这些客我的身份片段的共同点是什么？核心在哪里？所以我必须自问的，不是"我是什么"，而是"我是谁"。同时，我必须自答，"我是我""我就是我"。这是我必须满足的那个定义。（《圣经》中，摩西问上帝他的名字，上帝回答"我是我"——我就是我，耶和华。一切似乎显而易见，因为我是按照上帝的形象创造的。）

因此，我必须满足的概念是"主我"，其含义是"我是我"。我必须对自己有意识，自我意识。**但我绝不能混淆两种概念：内在的、道德的、内部的大我和外在的、社会的、外部的小我**。我绝不能混淆根本的主我和社会的客我，即我在社会中扮演的角色。为了满足"主我"的定义，我必须是我的大我。

我越是意识到大我，我就越完整越清楚地定义和满足我的大我，我就越是一个道德上的好人，一个好的"主我"。如果我如我所是，那么我就是一个道德上的好人。所有的伦理学良言都意味着同一件事，即我对自我的认同：活得真诚（sincere）、诚实（honest）、真正（genuine）、真实（true），拥有自尊、正直、本真。

要做大我听起来是一件简单的事情，但却是最难实现的。一方面，要想知道自己是谁并不容易，比这更难的是，一旦你知道自己是谁，就要在生活中活出自己。另一方面，你又很容易欺骗自己而不做大我。我很清楚地知道这一点。我是在父亲和老师的严格抚养下长大的。小学时，我们是被德国惯有的系统性和预防性打造出来的。这就是纪律。所以我成了一个严于律己者，一个完美主义者，我认为完美是最高的价值体现。然而，我可怜的妻子——我从来不知道我追求完美让她曾经深受其苦，直到我开始定义我的大我——并不这样看待生活，她认为生活有其他更高的价值追求。

我们大多数人都没有活出大我。我们只扮演角色。举个极端的例子，我认识一个55岁的妇人，她假装自己是一个18岁女孩。她走路像18岁，穿着打扮像18岁，她看起来很滑稽——但她自己不知道这一点，因为她对大我的定义很肤浅。不太明显的是，我们中的许多人只是听命行事，从而避免活出我们的大我。我们只是随波逐流。但那不是我们，那与我们心里真诚、诚实和本真的内核毫无关系。

人格三部分

内在或道德大我，外在或社会自我，以及系统或思考自我，构成了我们的整体价值模式，构成了我们的整全人格。我们可以用一个顶部插有旗帜的倒圆锥图形来表示这种价值模式（见图 2.4）。

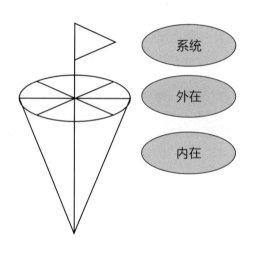

图 2.4　整体价值模式

我们人格的层面或维度可以被称为三个"S"——系统维度、外在（社会）维度和内在（大我）维度。系统维度涉及制度、法律、规则、条例和程序。外在维度则与组成社会的细分网络有关，我把它看作我们的横向维度，是我们的一部分自我，就像露出水面的冰山顶端。内在维度是我们的纵向维度,是内部存在,是良知,是我们无限力量的宝库,力量在那里供我们随取随用——换而言之,是我们的精神维度。我们存在的这个圆锥体有着无限的深度。

系统价值在道德上是中立的,就像法学和科学一样。没有制度我们就无法生存,但我们有可能会过分依赖制度。你大概读过有关阿道夫·艾希曼的故事。艾希曼是坏人吗?不是。他尽了自己的职责。他告诉法官们:

> 我从未杀过任何人。我是一名运输专家。我的工作是制定铁路时刻表。我所做的就这些。我听命行事。到底是谁被放进了那些有轨电车,以及他们去了哪里,那不关我的事。我只负责运送人。

好吧,他把人们送进了火坑,但这对他来说纯属偶然。他执行任务非常彻底,并引以为傲。他非常有系统性,系统就是他的生命。在耶路撒冷的牢房里,他每天早上同一时间朝一个方向走固定步数,再朝另一个方向走固定步数。他每天固定抽四支烟,不多不少。有一次,因为有人干扰,他没数清步数,一整天他都心烦意乱。秩序、制度,这是他的至高价值。

也许你会说，嗯，那是你们德国人。但不管是谁，要发表这样的声明，一点也不难，这跟是不是德国人无关：

> 我是北极星潜艇的船长。潜艇上装有 16 枚核弹。这中间的任意一枚核弹都要比以往所有战争中发射过的所有炸弹的总杀伤力还要猛。一旦接到命令，我就会按下按钮，发射核弹。这是我的职责，把火力运送给人群。

有一次我的铁路旅行卡出了问题，我去报修，听到有人在叫号："琼斯小姐，叫 B33725 号进来。"我在那里只是一个号码。在军队里，你是一个号码；在监狱里，你是一个号码；在医院里，你还是一个号码。一个护士对另一个说："我在给 382 号洗澡。"382 号甚至不是指你，而是你所在的病房。当你妻子去医院生孩子时，她会得到一个号码，孩子也会得到一个号码，你只能寄希望于这两个号码真的匹配。

这就是系统价值。一方面，这很必要，也很重要，就像呼吸一样。要是你不呼吸，你就会窒息。而从另一方面看，你不会把所有时间都花在思考和谈论呼吸上，或者只呼吸，其他什么也不做。事实上，呼吸太多和呼吸太少一样不健康。太过强调呼吸有可能会和身体其他系统发生冲突，降低生命质量。一般来说，系统价值也是如此：它并不是最重要的，有时会和人格中更重要的价值相冲突，并削弱那些价值。（一个事物的价值取决于它在多大程度上拥有该事物的属性。在系统维度，一个事物的属性数量少于外在和内在维度上的属性数量，因此系统价值也低于外在价值和内在价值。）

现在说说社会维度。在这一维度，因为共同拥有某种功能、某项休闲爱好或某种伙伴关系，我们与其他人连在一起。保险从业者聚在一起，教授们聚在一起，父母聚在一起，在校学生聚在一起。因此，这个世界被分成许许多多社会群体、职业群体或阶层。每个人因为不同分类而呈现不同价值，如保险代理人、机械工程师、教师、家庭主妇、母亲、学生等。我们称之为外在价值或社会价值。例如，金钱通常只具有外在价值。不过所有的外在价值都是有限的。你不会卖掉你的孩子，也不会购买一个妻子。你知道，在你内心深处，有很多东西比世界上所有的金钱和社会声望都更有价值，也更重要。一个事物外在维度的属性数量要比系统维度更多，也更具价值，但其价值仍然是有限度的。

这就把我们带到了大我维度，即我们内在的主我。主我的维度及其价值要尽可能清晰，清晰到连孩子们也可以在全日制学校和主日学校里学习到。正是大我维度，能把有意义的人与无意义的人区分开来。想象一下，有两位象棋大师在对弈，棋子排列整齐。假如一阵狂风把棋盘上的棋子吹落在地，虽说棋子一颗也没少，但实际上棋局的一切，即所有意义都失去了。这就是主我与整全人格之间的关系。

这里所说的内在大我才是真正的你，你的"主我"。在这里，你能获得"我是谁"的概念。从这里发出的一道光，能向你揭示完整的至上价值世界，内含至善与至恶的价值世界。

对这个主我层面需要仔细推敲。因为如果我们不能定义并意识到自身，我们就会迷失。如果我们能够意识到主我（形成大我的概念），如果我们能够真正成为我们所定义的大我，那么我们就会成为一个道德良善的"主我"，而很多问题也会随之烟消云散。因为我们知道，要改变世界，人的无限价值的重要性要高于社会或物质价值，因此也高于所有政治或技术努力的价值。正如在鲍里斯·帕斯捷尔纳克的《日瓦戈医生》中，拉丽莎对她亲爱的好朋友这样说道：

生命之谜，死亡之谜，天才之魅力，朴素美感之魅力——是的,是的,这些东西是我们的。但现实生活中的小烦恼——像改造地球这样的事情——这些事情,不,谢谢你,它们不属于我们。像改造地球这样的小事!

一个人的肉身可以登上月球,但他仍然处在空间和时间里。**内在大我,无边无际,无始无终。它纵身一跃,超越时空。芸芸众生,一瞥惊鸿。昨日故我,铭记在胸;明日新我,预见其踪。**

内在大我造就了我们的精神部分,如同大卫的赞美诗里所说,我们仅比天使稍低一些。内在大我让生命拥有无穷价值、无尽力量、无边慈悲和无限良善。它是我们的良知,引领我们走进内心天国。

内在大我有瞬间直觉,能凝聚身、心、灵,赋予我们正直、真诚、诚实、本真。

但是,假如它从未形成,无人重视,不被承认,它可能会分裂成许多碎片,那样,我们都会支离破碎,甚至变得疯狂。如此,我们存在的王国便更接近草芥之界,而非天使之境。

解释内在大我

我来给你们举一些内在大我起作用的例子。你们中有些人会在第一眼见到一个女孩时，就断定那个女孩会是你的妻子。我的一个女学生这样告诉我：

> 我正在听你的课，这时走进来一个男孩。我看着他，对自己说，这就是我丈夫。对了，当时他和一个朋友坐在教室另一端。课后，他们去杂货店吃冰淇淋。我坐到他们旁边。三个月后我们就结婚了。

我也是这样认识我妻子的。当时我25岁，在斯德哥尔摩的一个朋友家里，我在一个带着玻璃门的橱柜前欣赏着一些精美的餐具。突然，我看到那些餐具中间映照出一个女孩的脸。她就站在我身后。我对自己说："这是你妻子。"记得我接着自言自语："你疯了，伙计，你才25岁！男人不会主动结婚，只有女人才会。为什么要在25岁时放弃自由？等着女人来嫁吧。"我又自问："你怎么知道这就是你的妻子？"我的回答是："这不是明摆着的吗？就像这是我的小指头一样，她是我的妻子，命中注定，对此我无能为力。"后来丽塔告诉我，在我走后，她转身对她母亲说："我要嫁给那个家伙。"她母亲说："你疯啦！"是的，她是疯了。要记得我的成长路径，一个严于律己者，一个完美主义者，一个系统至上者；她必须非常努力才能和我和睦共处。但通过摩尔，通过尝试根据价值逻辑来定义自我，我明白重要的是人，而不是职业、身份什么的。随着我越来越了解大我，我发现我们之间的爱远比完美更重要。我想，我变成了一个不同的人，用我妻子的话说，一个更好相处的人。

这种大我意识不同于认识。有些人什么都认识，但什么都觉察不到，就像詹姆斯·瑟伯（James Thurber）漫画中的那个男人，一个女人对另一个女人低声说："他除了事实，一无所知。"另外有些人能觉察所有事，但什么都不认识。前者是见多识广的愚者，后者是一无所知的圣人。前者是没有道德洞见的聪明人，后者是具有道德直觉的普通人。

我们在墨西哥时，雇了一个名叫玛丽亚的女佣。来我家时，她16岁，还光着脚。一开始她不在床上睡，而是睡在床边的地板上。我们花了好长时间才让她习惯鞋子和床单。她和我们一起待了15年，她打理着房子，也照顾着我们。她能觉知一切，但她几乎什么知识都没有，她甚至不知道2+2=4。然而，她身上有一种光芒和精神，使得她周围的一切都变得真实而有意义。她不在身边时，世界就大变样了，这让我们很沮丧。我们住在湖森市时，她跟过来为我们工作，后来又和我们一起去了俄亥俄州的伍斯特和哥伦布（当时我在俄亥俄州立大学）。她 31 岁时，嫁给了一个墨西哥人，他们一起去芝加哥生活。我们把他们介绍给我们在芝加哥的 6 个死党，并提议让玛丽亚每周为每家工作一天，然后我们等着看会发生什么。不到 3 周，其中一位朋友的妻子——一位全国知名的公司律师——写信给我妻子："你给我们送来的是个什么样的女孩？无论什么时候，只要她来到家里，一切都被安排得恰到好处。家里如此平和宁静，以至于那些天，我丈夫更情愿在家办公。"

玛丽亚知之甚少，但她有完全的内在意识，她生活得很充实。她活泼泼地存在于她的内在，她的大我维度。她所要做的就是——全然地存在。

现在，如果你没有意识到大我，那你只是肤浅地活着。而在一个组织良好的社会里，迷失自我的危险无处不在，随波逐流是非常容易的。你可能是个大人物，你可能很富有，你可能在你所处的职业中数一数二，你可能是这个国家最有权力的人，但是如果你没有这种大我意识，没有这种内在生命，你就什么都不是，你甚至都不算活着。你还没有实现你的大我。也许你不知道，你患了一种病。伟大的丹麦哲学家索伦·克尔凯郭尔（Soren Kierkegaard）称之为"致死的疾病"：**物质上的生者，精神上的死者。**

托尔斯泰在《伊万·伊里奇之死》中讲述了一个患有这种疾病的人。伊万是一个有着远大抱负的地方法官，他竭尽全力往上爬。他与社会名流交往，并在风华正茂时被任命为莫斯科最高法院法官。有一天，在监督新家的装修时，他爬上梯子，向装修工人示范他希望窗帘如何悬挂。突然，他摔了下来，伤到了肝脏。这次受伤足以致命，但由于肝脏损伤是慢性的，他需要很长时间才会慢慢死去。在此期间，他的同事们忘记了他，他的朋友们疏远了他，甚至他的家人也觉得他苟延残喘。他唯一真正的朋友是他的农仆，农仆鞍前马后照顾他，尽量让他感觉舒服。托尔斯泰讲述了伊万·伊里奇如何认识到自己的生活是多么微不足道和毫无意义。在伊万临死之前，他已经意识到他在生命中的大部分时间是如何背叛现实而仅仅活在表层的。阅读这个故事，你几乎可以一页一页地了解伊万垂死的过程。这个过程中，他缓慢地一层一层地剥去他的社会小我的壳，并通过他的觉察深入他的大我意识的精神核心。

玛丽亚绝不会有这种"致死的疾病"。她一直活在精神层面，她是有意识的。只需要打扫房屋，就能让她的世界充满生机。要知道，一旦你在精神层面生机勃勃，只要你需要，你对世界的认识就会自行增长。随着她丈夫在工作上表现出色，玛丽亚对世界的认识逐渐丰富，他们也逐渐富裕起来。有天晚上9点左右，我们在哥伦布的家中接待客人时，一辆加长版豪华轿车停在门前。我们想不起来那可能是谁，因为所有我们邀请的客人都到了。玛丽亚和她丈夫一起走了出来，他们从芝加哥专程来拜访我们。玛丽亚走了进来，送给我们一束鲜花。看到我们在开派对，她马上就穿上围裙，接管了厨房，这样我妻子就可以安心做女主人，而不用把时间花在厨房里。玛丽亚上菜、洗碗、清洗烟灰缸，一切井然有序。她解释说，他们只是想来看看我们，但在他们离开时，她拉着我到一个角落里，说："先生，我这次来，实际上是想告诉您，我们很富裕，赚了不少钱。虽说您是教授，但我想让您知道，不管什么时候您有困难，您都可以来找我们。"

上帝保佑玛丽亚，她现在回到墨西哥，住在自己家里，和丈夫一起经营自己的生意。

可以说，这种人完全活出她自己，心无旁骛地活出她自己。她就是她。她的客我（她的社会、功能自我、小我）丝毫不会阻碍她的主我（她的内在、道德自我、大我）。我们可以说，她对自己是通透澄明的。她可以自由地倾注全部精力为他人服务。这样的人，我们称之为"圣人"。玛丽亚是小一号的圣人。一个伟大的圣人应该是一个能将自我存在的深度与知识视野的宽度相匹配的人。耶稣是大圣人。阿尔伯特·史怀哲可能也是。还有其他许多人——其中一些你肯定认识——或多或少都具有圣人般的品质。

不幸的是，有时候我们的理智阻碍了我们活在精神内在的尝试，阻碍我们成为具有大我意识的人。因为要具有大我意识，你必须谦逊。聪明无济于事。你必须存在，如是存在。你必须自然无伪，不以物喜，不以己悲。你必须能够妥善安置好你的世俗事务。在道德生活中，以大我存在可能是最困难的，同时也是最重要的任务。在日常生活中，它代表最高级的成熟，也是最有效的力量，因为它会发挥内在大我的无限性。在仅有外在价值的跑步机上胡乱奔跑，不仅显得不成熟，而且效率低下，因为它会关闭你无限的力量，让它们闲置荒废。它使你无法真正活着。

有时，在假期中远离一切时，我们会接近于如是存在，因为那时我们可以和自己独处，开始了解并熟悉自己。问题是，如何将度假精神注入到我们的日常生活中？

因此，当学生们问我到底什么是"如是存在"，我说：

"这很难解释。你必须如是存在——不要骄傲自大，不要让你的小聪明阻碍你的存在。""嗯，"一个学生可能会说，"如果我不聪明，你会给我打低分。""啊，"我说，"我是你的哲学老师，不是你的'存在'老师。如果我是你的'存在'老师，你根本不会得到任何分数，因为'存在'中的一切都是无限的。"

有些人确实能理解，但大多数人仍然不能理解。所以我最后说："看，你的内在大我，你谦卑的存在，是小狗来舔你的脚的原因。就是这样。"我的意思是，通过我们的内在大我，我们下沉、下沉，再下沉，到达生命创造的根源处。我们与所有生物合为一体。所以，狗会认为你也是狗——或者我们认为它们也是人——它们会来舔你的脚。这种存在的另一个迹象是儿童的反应。没等到我妻子走进房间，孩子们就开始围着她转。（孩子们见到我就比较拘谨，但狗狗们总会不遗余力地舔我。）在学校里，你们都认识有些老师，他们班上的学生都叽叽喳喳；而其他有些老师的班上则特别安静，静得能听见针掉在地上的声音。孩子们会感知到整全人格；他们尊重一个自尊的人。

内在大我的无限性

我曾说过,内在大我——我就是"主我"——是无限的,具有无限的价值,能够拥有无限的精神力量和慈悲心。我是怎么知道的?我又是什么意思呢?

好吧,耶稣用《圣经》证明了人类无限的内在价值,与我们现在使用的语言大不相同,他是用一种隐喻来解释的。耶稣之后,一位年轻的意大利人皮科·德拉·米兰多拉(Pico della Mirandola)在哥伦布发现美洲之前不久,发现了人类无限精神的新世界。皮科写了一篇《论人的尊严》,在其中他讲述了这样一个奇妙的寓言:

> 这位最好的工匠(造物主)……把人这种本性不安分的造物,安置于世界中央,对第一个人这样说道:"亚当!我们没有给你固定的住处和形态,也没有给你任何特定的功能,你若想拥有自己想要的住处、形态和功能,你可以按照自己的愿望和判断去拥有。我们赋予了其他造物一种特定的本性,它们必须受到我们所设定的法则的限制和约束。而对于你,你不受任何限制和约束,你完全可以依照我们赋予你的自由意志,自己决定你要成为什么样

子。我们把你置于世界的中心，在那里你可以更加自如地环顾四周，凝视世间万物。你既不属于天界，也不属于尘世；既非有限，亦非不朽。这样，你带着选择的自由，带着荣耀，就像你自己的塑造者和铸造者，赋予你自己最想拥有的形象。你可以堕落到下界，以低贱形象与野兽为伍；也可以飞升至天界，以高贵形象重生为诸神。这一切都取决于你自己灵魂的判断力。"

皮科说，换而言之，我们人类的创造范围是全方位的。我们可以只是植物或岩石，也可以借助灵性的翅膀扶摇而上，仅次于上帝。我们不受限制，我们拥有无限的力量。一切取决于我们如何利用它。

有个学生问我什么是"天才"，我告诉他："你可能就是天才。因为天才是这样一个人，能把无穷力量应用到同一个问题上。"这个学生说："不过，我可没有那种力量。"我对他的邻座说："你来试试掐死那个家伙。你会看到他为了反抗究竟能使出什么样的力量。"

报纸上有这样一则故事：有一个体重110磅（1磅约合0.45千克）的小妇人，由于千斤顶断了，她儿子被车库里一辆重达两吨半的汽车压着,动弹不得。小妇人走进车库,凭一己之力,把车从她儿子身上抬了起来。她把自己的腿垫在车下面,才把她儿子拽了出来,尽管在这个过程中她自己背部骨折。瞧,这就是我们所说的奇迹,因为奇迹就是召唤和利用我们内心的无限资源。

战后,我与那些在德国集中营里被称为"骷髅"的人交谈,他们瘦到只剩 50 磅到 60 磅重。他们告诉我,就在纳粹想赶在美国人步步挺进前,把他们赶出集中营时,他们是如何拼命奔跑,才死里逃生的。一名幸存者说:"我们能听到美国飞机从我们头顶飞过,每当我们听到轰鸣声,我们就有了更多的动力,我们可以不停地走啊走。我不知道这股力量从何而来,但只要我们需要,我们立马就有力量了。"

你在危机中获取力量。天才则让自己持续处于危机之中。他一直都在获取力量。阅读像牛顿这样的科学家的故事,或者像巴赫、米开朗琪罗这样的艺术大师的故事,你会发现,有人问及他们的成功秘诀时,他们给出了几乎一致的答案:日以继夜,只做一件事,不做其他事,任何人都能成功。牛顿说:"我一直把这个问题摆在眼前。"伽利略说:"我变成了一个自由落体之物。"歌德说:"我以诗为生。"天才把全部大我投入一个大哉问。他在道德上不一定品行端正——

他只是个天才。伟大的人和伟大的好人是有区别的。一个伟大的好人是圣人，他把他的全部力量、全部资源，投入他自身的良善中。他发现自己与所有造物——所有人、所有动物甚至所有事物——都是一体的。他活得深沉、满怀慈悲，他能触达每个人的内心，事实上能触达每个生命体的内心。阿尔伯特·史怀哲在做手术时不得不杀死细菌，这让他很痛苦。圣方济各的大衣后摆着了火，利奥修士正打算扑灭，圣方济各对他说："利奥修士，小心火修士。"慈悲是道德价值的试金石。

你们中有许多人，在看到某人或某事处于痛苦和折磨时，也一定会感到痛苦和折磨。如果你具有这种敏感性，你就知道这种感觉来自你与全人类的合一意识，因为你的内心或内在自我能够感知的范围是无限的。在无尽深处，所有的线都在无穷圆锥体的顶点处相遇；也就是说，你的"大我"与所有人的"大我"在顶点处相遇了。所有圆锥体只有同一个顶点。归根结底，万物归一。

这就是为什么你能立刻知道那个女孩将会是你的妻子。你和她是一体的，不是在时间和空间里，而是在你们自我意识的无限深处。爱情和友谊不在空间和时间里。我想我们大多数人都有亲身经历来证实这一点。1938 年，我、妻子和儿子扬一家三口离开瑞典去加利福尼亚后,我回到瑞典,去关停迪士尼公司的业务。有一天,我在斯德哥尔摩岳父母家看报纸时,突然心灵感应到我妻子病了。我非常强烈地感应到这一点,于是就打电话到加利福尼亚,一位护士接了电话。她说:"是的,你太太陷入了危机,但看起来她会顺利渡过难关。"我想很多人都曾有过类似的经历。

内在大我的无限性生动地反映在我们的良知(conscience)里——共同科学(con-science),一种共同认知。你必须是"大我"的共同认知者才能活出"大我";也就是说,你必须把外在小我和内在大我等同起来,同时也要把内在大我和每个人的大我等同起来。良知也会使你与所有人融为一体。如果你做错了事,即便没有人在场,没有人见过你,事后你也仍会感到内疚,就好像人人都知道你干了什么。哪怕是你偶尔为之的一些小坏事,也会让你反思所谓的"坏"良心,你害怕每个人都像你一样知道这件事。关于这种"人人都知道"的感觉,一个经典故事是陀思妥耶夫斯基的《罪与罚》。一个学生为了钱,杀死了一个恶毒的老妇人。这是一次不可能被人发现的完美犯罪,然而他还是觉得人人都知道。整整 700 页!最终他自己放弃了,他无法忍受自己可怕的罪恶感。

那么，为什么我们会有这种人人都知道的感觉？因为我们和每个人都是一体的。内在大我不在空间和时间里。它无法被衡量，它是永恒的。它在哪里？处处皆是。何时存在？时时存在。换而言之，由于我们的内在大我没有限制，我们在本质上与其他内在大我是一体的。正如我所说，我们大我的核心都在顶点处相遇。全人类是同一个共同体，拥有同一个核心。这就是耶稣所称的"人类内在的天国"。我们都是一体的，当我们做错了一件事，每个人都和我们一起做了这件事，这就是为什么我们担心人人都知道。我对其他人负责，其他人也对我负责，这就是爱的意义。在大我的深处是真正的现实。在这里，我们感同身受，我们帮助所爱的人——我们所爱的人应当是所有我们的同胞。正如约翰·斯坦贝克《愤怒的葡萄》中的牧师所说："也许我们爱的是全部的男人和女人；也许我们爱的是人类的灵魂，所有的一切。也许所有人共同拥有一个伟大的灵魂，而每个人只是其中一部分。"

在价值科学中，作为内在价值表现形式的良知优先于作为外在价值表现形式的社会，两者又优先于作为系统价值表现形式的科学、法律和其他制度。在有的国家，内在价值高于系统价值的特殊优先地位得到了国家层面的保证，如有关拒服兵役者的法律以及类似法规。每当良知和科学的主张发生冲突时,就像科学家们对开发更致命的核武器犹豫不决那样,良知必须沿着自己的航线,自由前行。

大我无限性的逻辑证据

现在应该很明显,个人经验证明了内部或内在大我的无限性。人类的无限性也具有与数学类似的确定性,能用价值学来加以证明。它还能从逻辑上得到证明,目前已知有两种证据:大我的身份和主我的无限递归。先说身份证据。

什么是"主我"?正是它使你的生命在时空的无限分割中成为一个人。你的每一分钟生命都不尽相同:你是个婴儿,你上高中,你谋生,你会变老。现在你坐着看书,接着吃饭,接着参观,接着工作……要成为同一个人,所有这些时间和所有这些瞬间都必须串在一起。所有这些瞬间都必须属于你,属于同一个你。你必须能够说:"50 年前我出生,而现在我在这里。"因此,主我将我们在空间和时间上的每一个瞬间整合在一起。正是"主我"的概念,把你的时空瞬间串成一个整体(见图 2.5)。

"我"

OOOOOOOOOOOOOOOOOOOOOOOOOOOOOOOOOOOOOOOOOOOOO

生时的我   现在的我   死时的我

图 2.5　"我"将不同时空的我串联在一起

换而言之，你所有的客我汇在一起，汇成你的主我。"主我"是所有客我的概念，是你在时空瞬间的概念，是你身份的概念。以时间计算，你有多少瞬间？52 年，我们可能会说。多少天？52 年乘以 365 天，得到 18,980 天。多少小时？455,520 小时。多少分钟？多少秒？我们可以进行无穷次细分。因此，你有无限的生命瞬间，所有这些瞬间必须合在一起。

但事实上，时间不是从你的出生开始计算的。从你母亲怀胎开始，你就存在了。一旦你向前追溯，你会发现你也不是从那里开始的。你从你的父亲和母亲开始，他们也必须经过怀胎而来，所以你也不是从父母开始，而是从你的祖父母开始的，以此类推，一直回溯。实际上你开始于宇宙诞生之初。这就是沃尔特·惠特曼在《自我之歌》中所说的：

宏大的准备已为我做好……

为了给我腾出空间,星星们闪到一旁,在自己
的轨道运行……

在我从母体降生之前,一代代先辈给我以引导

作为胚胎我从不曾麻痹迟钝,没有东西能将我
遮罩

为着它,星云集聚成一个球体

地层漫长而又缓慢地堆积,以便它在上面栖息

大量的植物为它提供营养

巨大的蜥蜴将它含在嘴里传送,小心翼翼地将
它贮藏

一切力量都稳稳当当,使我完善,给我快乐

现在,我和我强健的灵魂,一起伫立此地[①]

我是造物和进化的结果。我从无限开始,会在哪里结
束?我会因为我的死亡而结束吗?不会。我有我的儿子和孙
女。我是地球上世代相传的一环。哪怕我没有孩子,我的大
我,我的精神,正如我所说,并不在时空里,那它又怎会在

---

① 沃尔特·惠特曼. 自我之歌 [M]. 北京:国际文化出版公司, 2020:
222–225.

时空中消亡呢？它不会消亡。身体和大脑可能会消失，但精神必定永存。更为特别的是，内在人格存在于基因里，基因永不消亡，它们代代相传。科学家们据此推测，以解释为什么有些人对某些种类的生命有不同寻常的亲和力。例如，耶鲁大学有位著名的蜘蛛专家，他钟爱蜘蛛，蜘蛛也喜欢他。它们在他身上爬来爬去，他则认为蜘蛛是世界上最有趣的生物。还有蛇类专家。我在伍斯特学院的时候，有个朋友是研究鱼类寄生虫的专家，他非常喜欢这些寄生虫。那么，一个人怎么会碰巧有这样的亲和力呢？追溯到创世之初，难道不正是这些基因在我们的胚胎发育中再现了整个进化过程吗？

就算是共产主义者也一定会承认他们出生的无限因果链，他们也一定承认主我把客我聚到一起，把客我整合起来。他们也一定同意，当大我出现问题，主我无法把客我串在一起时，很可能整个人会发生一些非常严重的问题。因为就像我们一样，他们也有精神分裂症，也会人格分裂。在墨西哥大学，我组织过一个研究人类价值的精神分析学家的研讨会。我们用价值学方法来分析他们的一些病例。其中一个患者是一名家庭主妇，她嫁给了一名富商，有一个可爱的家庭，在首都郊区有漂亮的房子。她是有名的贤妻良母。但每到周二和周四，她声称要出去和女友们玩纸牌，实际上，她是去城市的贫民窟做妓女。清晨 4 点回到家,她说玩纸牌赢了钱。在家时,她甚至不记得发生了什么。她隐隐约约觉得哪里不对劲,于是去找精神分析师,事实这才水落石出。你明白吗?她有多重性格,她分饰两角。她的内心是自相矛盾的。她对自我的定义不是"我是我",而是"我不是我"。为了满足这个定义,她分裂了。她不能好好活着,她甚至不想活着。然而,为了不在肉体上自杀,她通过卖淫来实现道德自杀。赚钱给她带来了一种特殊的满足感,一种她从未有过的象征增值的筹码。她的丈夫不清楚状况,孩子们也不知情,在某种程度上她自己都不知情。因为她搞不清自己是这一个"她"时,另一个"她"又是谁。她有着分裂的身份。

你可能记得有部电影或有本书叫《三面夏娃》,里面讲述了类似的情况。而最著名的身份分裂病例,当属罗伯特·路易斯·史蒂文森的《化身博士》。

换而言之,当我们的主我没有把我们结合在一起时,我们就不是一个人,而是好几个人,被时空片段分割成的不同客我彼此间毫无联系,哪怕拥有同一个身体。

然而,在通常情况下,作为一个人,我们来自无限,我们也去向无限。德国诗人歌德说过:"我的不朽程度,等同于我的生活的不朽程度。"这个程度是指我对自我认知的完整程度。克尔凯郭尔说，在创造宇宙的起源处，我以"大我"为锚。我不仅体现了我在地球上生活的无穷多的瞬间，同时我还跨越一切生命，体现了从过去到未来的无限时刻。我是造物主的孩子——惠特曼说得对——我拥抱造物主。如果我像草芥一样生活，我就辜负了造物主。

那么，通过对自身意识和对客我的认识，"主我"——不是"客我"，不是我的身体，也不是我的头脑——将客我的许多时空碎片整合到一起。为了实现这种整合，主我本身就必须超越空间和时间；主我必须运用记忆、预期和想象，但这些并不是主我本身。因此，虽然主我利用我的身体、我的肉体存在，但它自身必须超越，在无限中超越。

这是大我无限性的第一个逻辑证据。它基于一个逻辑原则，即整体自身不可能是该整体的一部分。

第二个逻辑证据关于主我的无限递归。

当我说"我认识我自己（或者客我，我存在的外在部分）"时，主我认识客我，但谁认识那个认识客我的主我？行使认知行为的主我只认识作为对象的客我，但它无法认识自身。这里有两种角色，一种是"知者"，另一种是"被知者"。知者是主我，被知者是客我。主我认识客我，是通过把自身应用于客我——我在时空中的处境、我的情绪、我的思想、我的往来、我的所作所为，等等。**但正如眼睛能观万物但不能观自身一样，大我——"主我"——能知万物，但不能知自身**。要认识主我，就必须把它变成一个客我，就必须说："我认识，'认识我的那个我'。"现在我知道之前那个"主我"变成了"客我"（句中第三个"我"）；但同时又出现了另一个在行使认知行为的新的"主我"（句中第一个"我"），而这个"主我"又变成未知的了。我可以把这个未知的"主我"再变成一个"客我"，然后说："我认识，'我认识，认识我的那个我'。"这样第二个"主我"就变成"客我"（句中第二个"我"），成为认识的一个对象；但是，第三个"主我"作为认识的主体（句中第一个"我"）又出现了，同样，它不能被认识。以此类推，永无止境。总有另一个主我或一部分自我不为人所认识。因此，大我里有无穷多的层面。主我始终有一个未知残余，它必须由大我认识以外的东西来认识。我只能意识到这个自我残余永远存在。

玛丽亚是典型的具有这种意识的人的例子。一份广为流传的杂志刊登了一系列关于"我所认识的最难忘人物"的文章，通常这些人不是大人物，而只是具有深刻洞察力、敏感度、慈悲心和尊严的普通人。正如玛丽亚一样，他们与他人感同身受，拥有大我意识，真正活出自我却不自知。他们就像会欣赏交响乐而不懂得乐谱的人。要是他们学会了看乐谱，他们会更加享受音乐所带来的乐趣。

活着的机遇

现在让我们暂且回溯一下。你还记得，一件事物之所以是好的、有价值的，在一定程度上是因为它满足了它的全部属性。我具有道德价值，在一定程度上是我满足了我对"大我"的定义。从这个意义上说，我是"我"，我是一个道德高尚的人。**道德善代表人自身存在的深度，这是世界上的至高之善**。因为无论我们采取哪条路径，当我们深潜到大我的根部时，我们在那里所发现的，只能用上帝来描述。这就是为什么说，如果我们每个人都能真正做自己，遵循自己内心大我的引领，或者如我们所说，遵循良知的洁净精微的声音，那么一切都会顺其自然，问题也会迎刃而解。我们会认识到真正永恒的价值。

我坚信，生命深层的永恒价值可以通过形式价值学理智地表达出来。问题在于，我们一直模糊地认识这些价值，因而我们无法清楚地表达它们。我们总说，我们和对手之间的区别在于我们相信个体的价值，相信人是按照上帝的形象创造的,相信人具有无限价值。而对手则反驳我们,这些只是耍嘴皮子,并质疑我们所说的价值是什么意思。很多时候,我们并不知道。很多时候,我们的行为表明,我们的确不知道。

我曾经遇到过一位报纸出版商,他说他正全力以赴宣传个体的价值。我问他个体价值是什么意思,结果发现他指的是个体赚大钱的权利。我们许多人都这样认为。我们把金钱和其他外在价值置于人的价值之上,这样做只会对对手有利。美国社会中各种犯罪、腐败和贪污与日俱增,证明我们道德的堤坝出现了漏洞。暴力正迅速成为美国社会风气的一部分。事实上,根据社会学家刘易斯·亚布隆斯基的说法,一种新型犯罪正呈上升趋势,一些人为了追求刺激而残害、杀害和搞破坏,他们无视其他人的权利和感情。

这些都是道德沦丧的腐烂果实,希特勒和他的同类都尝过这种滋味。如果人类要继续生存下去,我们就必须努力寻求道德满足以取得成功。我们必须清楚地表达和区分不同的价值层面或价值世界,以便我们能够有意识地在草芥和天使之间选择我们的自身存在。我们必须让人们知道,我们有在三个世界中活着的机遇——规则的系统世界、感官的社会世界和我们内在大我的道德或精神世界,并在其中过着平衡、有意义的生活。

不幸的是，有些人主要生活在一个世界，有些人主要生活在另一个世界。例如，有些人几乎完全生活在规则、法律、技术和繁文缛节的系统世界里。他们崇拜这个世界的系统之美，忽视了现实和人类价值。他们表现出不同类型，从沉默不语、心不在焉的教授们到大大小小的艾希曼们。

无论是东方还是西方，资本主义还是共产主义，发达国家95%的人主要生活在外在价值世界中。他们中的绝大多数人认为这是唯一真正重要的世界。他们就像托尔斯泰笔下的伊万·伊里奇一样，忽视了他们的内在大我。然而，在所谓的欠发达国家，虽说人口众多，却很少有人只生活在倡导外在价值的社会阶层和功能的世界。他们可能生活在倡导系统价值的有严格仪式的原始世界，但他们也生活在内在的大我世界，而不断侵袭的外在世界正使他们陷入混乱。"我们可能富有，但他们快乐"，这是英国经济学家芭芭拉·沃德在《纽约时报》（1963年5月5日）上发表的一篇文章的标题。文章中，她思考了这样一个问题："西方技术的传播是否会让亚非人民丢掉自我实现的秘密？""我们的技术社会，"她写道，"太过拘泥于手段和操纵，往往无法给我们指引方向，以及使我们具有奉献精神，没有这些（指方向和奉献精神），虽然我们可以变得富有、健康、强壮,但同时也会感到无聊和无趣。"

的确如此!这些欠发达国家的人只在外在价值方面不够发达。就内在价值而言,我们顶多和他们同样匮乏,甚至往往还不如他们。我们可能迫切需要引进一项精神层面的外部援助项目。

在一定程度上,我们每个人都或深或浅地活在自己的内在大我世界里,我们本可以在内在大我世界活得更深入,但几乎无人做到。事实上,即便是在系统世界中,我们也没有像应当和可能的那样充分地生活。你和我对物理学、相对论或量子理论几乎一无所知;对世界的大部分地区,我们也知之甚少。我们最多算是社会生活方面的专家——但这只是三个世界中的一个。因此,我们确实活得非常有限。一个整全的人应该懂得所有科学知识,拥有所有社会经验,并呈现内在大我的身心完整状态。现在并不存在如此完美的人,因为我们仍处于进化的低级阶段。与10亿年后的人类相比——如果10亿年后还有人类的话——我们就像猴子。我相信10亿年后,人类可能就会那样整全。

我们大多数人几乎完全生活在社会世界中,以至于我们不知道自己拥有怎样的精神资源——也许要等到我们在生活中经受过种种危机的考验。我们是具有社会智慧的社会动物。我们所说的低能儿实际上是不知道在社会上如何与人相处的人，但他只是外在意义上的低能儿。在其他方面，他可能比你我更聪明。我们可能是科学和精神上的低能儿，就如同他是社会低能儿一样。

的确，我们活得很肤浅。我们只活出一小部分自我。克尔凯郭尔曾说过，我们只生活在自己房屋的地下室里。我们并没有实现全部自我。

如果图 2.6 展现的是人类全部潜能的图谱，那么我们看起来也许更像图 2.7 这样。

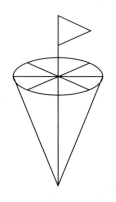 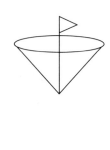

图 2.6　人类潜能的完整图谱　　　图 2.7　人类潜能的受限图谱

像浅碟而不是无限圆锥，像陀螺而不是广袤宇宙。就像孩子们抽打陀螺让它们旋转一样，环境也在鞭策着我们——

直到我们晕头转向。唯有当我们召唤内心的资源,我们才有可能开启实现自我的旅程。这是现在和未来交给人类的任务,也是我们每个人交给自己的任务。

三种价值世界

我们生活在三个世界里;同样,我们也用这三个维度进行评价。我们可以从系统维度、外在维度、内在维度评价世界。从系统评价来看,世间万物都与其他一切保持一致,一切都必须以它自然的方式发生,而邪恶只是一种错觉。世界是完美的。这是斯宾诺莎的观点。

从外在评价看,世界是所有自然和功能属性的总和。想象一下,存在另外的世界,但如果这些世界并不是所有自然属性的总和,它们就会缺少某些属性。因此,根据我们的价值学定义,它们就不如拥有所有属性总和的世界那样完美。既然世界是经验事物的世界,外在评价就是它的适当评价。这是莱布尼茨的哲学观点。

世界亦可以被内在地评价。在这种情况下,我们就是在评价世界"是其所是"的完整性,并且评价者自身也完全参与其中。这是像歌德这样的自然神秘主义者的观点。

这三种评价维度适用于整个世界，适用于居于其内外的万事万物，无论是一粒纽扣或者上帝，还是我妻子或者我自己。

一粒纽扣在系统维度被视为纽扣工厂的产品；在外在维度，纽扣被用来作为衬衫的组成部分；在内在维度，恋物癖者把纽扣当作钟爱的对象。

上帝在神学中被系统地看待，在比较宗教中被外在地看待，而当一个人把上帝当作他的问题或者个人救赎的途径，即从内在维度看待上帝。上帝代表至高无上的价值，涵盖所有价值的价值。无法想象还有什么比这更有价值的了。

作为管家或厨师（一种有生命的家用电器）是对我妻子的一种系统评价；与其他家庭主妇相比是被外在评价；而内在价值则在她自身的独特性以及我对她的爱中得以体现。

如果我对小我有一个先入为主的（通常是错误的）概念，整体上我在多大程度上符合这个小我概念，这是对我的系统性评价；外在评价，是与在社会中履行同样职能和扮演同样角色的其他人相比；内在的，则在于我意识到大我是一个独特的人，从而自然、真实、正直、诚实地以大我存在。

由此可见，每种场景都有其系统的、外在的和内在的价值层面，比如人生伴侣的选择，公司总裁或档案员的择优，或者用"以诺拉·盖伊号"前往广岛的飞行举例说明。飞行员在航行日志上写下风速、天气和所有数据:投下炸弹的准确时间是几分几秒,角度如此这般、重量如此这般、天气如此这般,等等——所有关于这次飞行的机械学、空气动力学和气象学细节。但日志中最后一行是这样一句话:"我的上帝,我们干了什么?"日志中最后一行以外的所有内容都属于自然科学——数学、物理学、天文学、化学;但最后一句话"我的上帝,我们干了什么?"是一种道德评价,属于内在价值领域。顺便说一句,执行广岛任务的领航飞行员,由于带着如此复杂的内疚感,以至于后来无法应对社会生活,而不得不接受精神方面的治疗。

另外举一个三维度评价的例子,也许我们每个人或多或少都经历过。比方说,你是一个年轻人,去小店买香烟。你告诉柜台女孩:"我要一包某某牌香烟。"她说:"给你。""多少钱?""27美分。"你付钱给她,她说谢谢。那是一种什么样的关系?纯粹系统的、合法的销售行为。这个女孩也许就像一台售货机。

第二天,你走进同一家小店,遇见同一个女孩,你看着她,心想:"天哪,她是个女孩!"然后你再次看着她,心想:"她长得真好看。"你问:"你在这镇上待多久了?""哦,"

她说，"三个月了。"很快你们就开始谈论天气、报纸、家乡等。这是一种社会关系。你们已经从包含有限属性的系统层面转移到具有无限属性的外在层面。你和她无话不谈；你喜欢她。

迟早有一天，你会邀请她一起晚餐，你们相处甚欢。现在你们的关系又进了一层。它变得更丰富，因此更有价值。接下来的更多夜晚，你们之间的关系越来越近，直到你们整个人都融入其中。有一天，你对她说——或者她对你说："我们什么时候结婚？"很快，你和她一起站在牧师面前，你宣誓会爱她、尊重她、珍惜她，无论富贵还是贫穷，顺境还是逆境，疾病还是健康，不离不弃，至死不渝。

此刻，你们已经从系统维度的香烟契约关系开始，走过了很长一段路。你们是丈夫和妻子，而真正的爱情和婚姻与社会关系毫不相干。这是一种从内核到内核的关系，就像图2.8 所展示的。

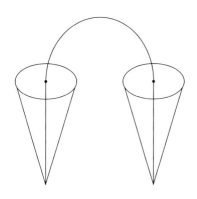

图 2.8　从内核到内核

她不在乎你有多少钱,你的父母是谁,你也不在乎她的背景、财富与职业。你爱她,她也爱你,所以你们走到一起。你如何知道你们彼此相爱?因为我在讲述的是一段真正基于爱情的婚姻,你们彼此用自己的大我去感知对方的大我。你询问"这个人是谁?"并找到了答案。你会把那个18岁的年轻女孩看作未来你们孙辈的祖母,即便你们的子女还未出生。这就是你的内在大我,再一次,跨越时空的大我。

价值的衡量

要够资格成为一门真正的价值科学,形式价值学的规律必须是普适的、绝对的,并对所有理性存在都是有效的,无论是男人、女人还是孩子，无论是欧洲人、美洲人还是亚洲人，无论是在这个星球还是在其他星球。

当前，这种普遍规律被应用于自然科学和音乐。物理学和音乐都是数学的应用，因此，数学的结构比物理学或音乐更具普遍性。但数学还不是最高、绝对的系统，逻辑才是理性思维本身的系统。正如物理学和音乐是数学的应用一样，数学是逻辑的应用。因此，理性生命可以通过逻辑系统本身进行交流。

碰巧，形式价值学也是逻辑的应用，因此研究善和道德的价值理论才有可能被世界各地的理性生命所理解。

自然科学与价值科学的区别在于，前者适用于事件，后者适用于事件的意义。我们可以说，价值就是意义。当我们说生命有意义时，意思是指生命有价值。它的意义越丰富，它的价值就越丰盛。当我们说生命无意义时，我们是指生命无价值。它的意义越贫乏，它的价值就越低廉。没有意义的生命是没有价值的，是不好的，不值得过的。

形式价值学把意义作为衡量价值的标准，这一标准对各种价值都有效。这个过程相对简单，因为从逻辑上讲，意义恰好具有计量的标准形式，它是一种价值量度，正如码是一种长度单位，磅是一种重量单位。以椅子为例。椅子是由四条腿、一个靠背、一个膝盖高的座位等构成的一个"集合"，它们可以被编号为"1、2、3……"，每个属性都是集合的一个单元。从价值公理可以得知，一把好椅子是一把具有所有属性的椅子。也就是说，好椅子具有一把椅子全部的意义。如果椅子没有齐膝高的座位，或者没有靠背，或者两者都没有，那么这把椅子是一般的、差的，或者坏的。这些词语"好""一般""差""坏"都是衡量价值即意义的单位。从逻辑上讲，它们与长度单位"码"、重量单位"磅"、时间单位"小时"、数量单位"打"和强度单位"度"没有什么差别。

因此，从根本上讲，价值理论与逻辑本身、数学或物理学具有同样严格的逻辑性。事实上，作为价值衡量标准的意义比物理单位或数字本身更具普遍性。火星人可能不理解我们的十进制数字系统（基于人类的手指，digits 既指手指，又指数字，人类最初就是用手指计数的），但他们一定会把满足其意义的事物称为"好的"，把不满足其意义的事物称为"坏的"。

尽管价值衡量具有普遍性和客观性，但应当注意的是，其应用是主观的。很可能我所认为的"好"是你认为的"坏"，反之亦然。但这是一个应用问题，而不是价值学本身的问题。如果你和一个朋友走在街上，你看到两个人迎面走来，你的朋友有点醉眼昏花，看到四个人。他不是在否定数学，他只是在错误地使用数学。实际上他和你一样在肯定数学。你们俩都没有犯数学错误。他的错误在于看，而不在于加。同样地，无论何时，任何人只要认为一件事满足了它的意义时，他会称之为好的，认为它不满足时，他会称之为坏的，他这么做就是在肯定价值学。究竟他是正确还是错误地认为一件事物满足其意义，这是另一个问题——是应用的问题，而不是价值学的问题。

总之，对价值进行衡量，意味着你要决定一件事物、一种场景或一个人在多大程度上满足其概念或意义，以及它在多大程度上拥有其所有属性。

概念有三种——综合、分析和独特（之后将一一解释）。

系统价值满足综合概念。

外在价值满足分析概念。

内在价值满足独特概念。

系统价值

综合概念是大脑建构出来的，就像几何圆的概念一样。几何圆的定义非常精确，"平面上与中心等距离的一条封闭曲线",如果一条曲线不具备所有这些属性,哪怕只缺少其中一点,那么它甚至都称不上一个坏的圆,因为它就不是一个圆。出于同样的原因,也不存在坏的电子。一样东西看起来像电子但缺少电子的属性时,我们就不能称它为电子。而现代物理学的一项主要努力,就是找出这些"坏电子",并给它们取新的名字——正电子、介子等。出于同样的原因,也没有坏的$\sqrt{-1}$。为什么法学中会有衡平法?因为即使法学有了相当确切的定义,而当某一事物缺少法学定义的一部分属性时,它也不是能被法学定义的事物;然而,即使案件并不完全符合法学的定义,正义仍必须(借助衡平法)得以伸张。

一个综合概念有确定数量或有限数量的属性,可以用 n 来表示。它只产生两种价值:要么完美,要么不存在;要么有价值,要么无价值。这里没有价值程度,比如好、一般、差和坏。一切事物非黑即白。

一个系统维度上的国家或组织(综合概念的满足)是专制主义或独裁主义。你要么属于这个国家或组织,要么离开。舆论和特征上的模糊和差异是不被容许的。个体性荡然无存。唯一的价值是顺从,唯一的反价值是不顺从,这样会导致驱逐或清算。

从《安提戈涅》到《日瓦戈医生》的悲剧证明,系统价值世界是那些缺乏大我（即内在价值）的人的天堂，而对于那些活出内在大我的人来说，那就是地狱。

但并非所有系统性评价都是邪恶的。这一点非常重要，也非常必要。只有在它被不恰当地、不明智地应用在人类情境中时，它才是邪恶的。

外在价值

分析概念来源于处在时空中的日常经验的事物和人。我们从世界上所有的椅子，或世界上所有的女孩，或世界上所有的诸如此类的东西中抽象出——分离出——那些共同的属性，然后我们就得到"椅子""女孩"或"诸如此类"概念的属性。

根据一个分析概念在多大程度上得以满足（或未被满足），外在评价就形成了不同程度，从好到一般，到不好，到坏。

这些概念的属性是可数的，也就是说，可以一个接一个地数。因为它们是被逐一抽象的。在数学上，每一项都可逐一识别的集合称"可数集合"。现在要问：我可以从不同事物中抽象出多少共同属性？如果我有大量事物，那么共同属性会非常少;如果我只有很少量的事物,它们将会有很多共同属性。理论上,我可以逐个地、无止境地抽象出共同属性。

因此,可以被抽象出来的属性数量,其范围介于1和无穷大;也就是说,一个分析概念的属性数量,至多是可数无穷的。这样一个实际无穷大的数学符号,由希伯来字母 $\aleph$(aleph)带一个下标0组成——$\aleph_0$。必须将这个符号与 ∞ 区分开来,∞ 是一个潜在的而非实际的无穷大。潜在的无穷大对应抽象的行为,实际的无穷大对应该行为的结果。

内在价值

现在让我们来慎思独特概念。在我以我应有的方式看待我妻子时,她不是作为一个管家,也不是作为一个与其他家庭主妇相比的妻子,她是独一无二的。在这种情况下,"我的妻子"是一个独特概念。她有多少种属性?她有无穷多属性,我真的无法列举或定义它们。正如心理学家所说,我把她看作一个不间断的整体或"格式塔";或者如数学家所说,看作一个"连续统"。我既没有对她进行抽象,也没有对她进行定义。我过着她的生活,我和她感同身受。我爱她,因为她如她所是,而不是因为她比别人好。换而言之,她具有内在价值，这意味着她所拥有的属性是不可数无限的（不可计数的），用数学符号表示，是 $\aleph_1$。

在这里，我们在和数学上的超限数（Transfinite Numbers）打交道，而一些稀奇古怪的事情发生了。比如，自然数有无穷多个，1、2、3、4……奇数也有无穷多个，1、3、5、7……这意味着，在无穷意义上，有多少奇数，就有多少自然数。偶数也是如此。所以一个超限数的数学定义是：**部分等于整体。**

这是一种非常奇特的算术，但在它的领域里，它和其他任何算术一样精确。实际上，它比有限运算简单得多。假如你用一个无穷大加上另一个无穷大，结果是什么？嗯，等于无穷大。从无穷大中减去无穷大呢？这是最值得注意的，结果仍然是无穷大。在无限运算中，减法是不可能的。唯一可能发生的变化是，通过指数化，上升到更高阶的无穷大，$\aleph_0^{\aleph_0}=\aleph_1$，以此类推，直到 $\aleph_\aleph$。从价值学角度分析这个结果，它具有神学赋予上帝的所有属性。

"我"也是一个独特概念。我的每一个想法都可能是无限的，因为我想到这把椅子，我可以想到我对这把椅子的想法，我可以想到我对这把椅子的想法的想法，如此等等，无穷无尽。如果我的思想数目有可数无穷个——就像我潜在拥有的那样——那么这个无限的无限是不可数的,因为 $\aleph_0^{\aleph_0} = \aleph_1$,属于内在价值。

这是大我无限性的第三个证明。它也是对人类价值的客观定义。

我在现实中如何满足大我的无穷多属性,决定了我是一个好的人还是不好的人。既然道德善是内在价值对人类的应用,那么这里所讨论的好就是道德善。

一个概念拥有的属性越多,其价值就越高。系统价值只满足具有 n 种(有限数量)属性的概念,外在价值满足至多具有 $\aleph_0$ 种属性的概念(可数无穷个属性),而内在价值满足至少具有 $\aleph_1$ 种属性的概念(不可数无穷个属性)。由此可见,从属性数量上看,内在价值比外在价值丰富,而外在价值比系统价值丰富。

人可以用四种方式来定义:(1)作为一个理性的存在;(2)作为一个对自己有自我定义的存在;(3)作为"万物之镜"(皮科·德拉·米兰多拉语)存在;(4)作为"自我实现的存在"(克尔凯郭尔语)。在价值学意义上,所有这四种定义都导向同一个结果:人类个体无限的内在价值。

因此,与人类的内在价值相比,整个外在世界的价值是无穷小的,而思想体系的价值更是无穷小的。然而,人们很容易高估这种无穷小的价值，很容易将一个理念的意义夸大为全体存在——由此对它盲目崇拜，为它狂热着迷。历史上大多数罪大恶极都是借由这种高估的名义而犯下的。

加尔文以处理异教徒为名，将塞万提斯绑在火刑柱上慢慢烧死。但卡斯泰利奥在其不朽的抗议中宣称："把人活活烧死从来不能捍卫教义，而只不过是杀死一个人……我们不应以烧死他人来证明我们的信仰，只应随时准备被他人烧死，以捍卫我们的信仰。"我想，当许多男人、女人和儿童遭到核弹集体焚毁时，我们也可以说同样的话。

不幸的是，纵观历史，战争、宗教审判和奴隶制等非人道制度都是借上帝之名来伸张"正义"的。1914 年我父亲光荣参战时，他认为他正在做替天行道之事。我们试图用奇怪的方式来满足我们的精神饥渴，并陷入困境，直到我们的价值格局在内心变得清晰和真实。危险在于，一旦我们把无穷性质注入一件事物或一个理念，我们很可能会贬低人的价值。**唯有人，才拥有至高价值，因为唯有人，才拥有无限价值**。

这种内在或精神层面的价值冲突只能以偏向人的方式来解决。我爱我的妻子，我也爱我的哲学，这两者和谐共存。但如果两者有冲突，那么人就会拥有绝对优先权。这就是全部。微妙的是，**我自己的哲学教会了我，哲学是相对不重要的**。假如你是一个丈夫，在一家公司工作。当一切正常，没有紧急情况时，这两者没什么冲突。当公司有紧急情况，而你妻子一切正常时，公司优先。当公司一切正常，你妻子有紧急情况时，你妻子优先。当公司和你妻子同时有紧急情况时，从价值学来看，毫无疑问，绝对是你妻子优先。

3. 应用

价值科学家借助逻辑演算来对价值进行科学的测量，这种演算是通过各种可能的方式将三个价值维度（系统的、外在的、内在的）及其相应的测量单位值（n、$\aleph_0$ 和 $\aleph_1$）组合起来而产生的。

这种演算基于一个价值学事实：**最有价值的价值，即最充分满足"价值"概念的价值，是内在价值**。任何远离内在价值的移动都是反向的，任何趋向内在价值的移动都是正向的。

价值组合可以是**升置**（composition）或**降置**（transposition）。价值升置是一种价值维度被另一种价值维度正向评价；价值降置是一种价值维度被另一种价值维度反

119

向评价。

这种升置和降置可以体系化和符号化，"S"表示系统的，"E"表示外在的，"I"表示内在的。例如，一个婴儿的出生、一次宗教体验或一种创造性行为，都是内在价值的升置，可用符号"I^I"（内在价值的内在正向评价）来表示。巧克力和锯屑的混合、车祸（一辆车撞毁另一辆车）或爆炸都是一种降置，一种贬值，可用符号"E_E"表示——外在价值的外在反向评价（符号"I^I"和"E_E"分别表示：$\aleph_1^{\aleph_1}=\aleph_2$；$\aleph_{0\aleph_0}=1/\aleph$）。

价值组合可以一阶又一阶依次组合，形成二阶、三阶、四阶的升置和降置。四阶价值组合是有5个元素的组合，比如$\{[(E_S)^I]_I\}^S$。我在墨西哥的个人经历可以作为一个例子。一名公路巡警拦住了我的车。作为一个系统的元素，巡警（S）不尊重我的驾驶（E），于是产生价值降置E_S。我妻子一直觉得我开车太快，她非常享受这番情境，这可以表示为$(E_S)^I$。我完全不喜欢她的幸灾乐祸$[(E_S)^I]_I$，从这些情境中得到乐趣的巡警给我开了一张罚单$\{[(E_S)^I]_I\}^S$。四阶价值情境总共有3888种不同形式，每种形式都可能意味着无穷多种情况。因此，E_S也可能象征着我的观点：士兵制服是对一件好衣服的系统性贬值。其他人可能会有不同感受，认为这是对一件普通衣服的系统性增值。我女朋友非常喜欢我的制服（E_S）^{1}，她父亲不喜欢她对制服的喜欢 $[（E_S）^1]_1$，指挥官却乐意看到这种情境，把这当作对军队和士兵的爱 $\{[（E_S）^1]_1\}^S$。我们的公式为一出小歌剧提供了素材。

五阶价值形式（涉及 6 个元素）有 23,328 种，每种形式同样适用于无限多的情境。在墨西哥国立大学，一台自动计算机正在进行编程，以便分析超过 10 亿种价值情境。等到完成，它将成为价值学的"对数表"，将包含 1,306,125,378 种价值模式，价值科学家可以在计算价值测量值时以此作为参考。

当然，通过在人类情境中使用"X 射线仪"，形式价值学提供了一种高度浓缩观察的可能性。我们正处于初级阶段。价值学的实践开启了价值评估的新科学。这个体系的创立只是提供一种架构，让我们能够（也确实能够）登上高原。展现在我们面前的，将是崭新的地平线。要成为一门真正的科学，形式价值学就必须适用于整个价值领域的广阔全景。

摆在我们面前的任务，是纳入越来越多的伦理和道德现象，并有体系地绘制这个新领域。价值学体系本身必须加以阐述和扩展。各种价值领域——道德、审美、宗教、经济等——之间的界线必须精确画定。所有这些都必须采用新的价值科学工具，有体系地、一贯地完成。在未来，社会学家很可能必须先学习价值学，就像今天的物理学家和化学家必须先学习数学一样。

总体来说，价值维度——系统的、外在的、内在的——在人类活动各个领域的应用，将产生各种社会和道德科学。想想这些例子。外在价值应用于个人产生了心理学，内在价值应用于个人产生了伦理学，系统价值应用于个人产生了生理学。三个价值维度的这些以及其他应用如表2.1所示。

表2.1　价值学的具体应用

应用于	内在价值	外在价值	系统价值
单个人	伦理学	心理学	生理学
一组人	政治学、社会伦理学	社会学	法学
单一事物	美学	经济学	工艺学、工程学
一组事物	文明学	生态学	工业技术、土木工程、游戏、物权法、仪式
概念	形而上学	认识论	逻辑学
文字	诗歌	修辞	语法

对于新一代纯粹价值科学家和应用价值科学家,社会和道德学科的纯粹和应用科学家,以及那些处理社会和道德情境的机械师和工匠们来说,将这些学科应用于实际情境是一项艰巨的任务。

然而,形式价值学已经被用来衡量国家和世界领导人的演讲、诗歌和戏剧、法庭判决、报纸和杂志文章以及道德冲突的价值。人们用它来对求职者进行价值分析,评估公司的项目和政策,以及发展公司的人力资源。它正被应用于人类学。也许最重要的是,借助自身或者心理治疗师,人们正在用形式价值学来找寻他们生命的意义。

在商业领域,人们可以立即想到许多对这种"X 射线仪"的需求。以如何看待工人为例。从系统维度看,工人是一个生产单元,在工时和动作研究中具有价值。从外在维度看,工人是执行如此这般不同功能的工人队伍中的一员。这就需要不同种类的奖惩机制。从内在维度看,每个工人都是具有无限价值的人,这种观点又导致了完全不同的结果,如工人和雇主在利润共享方面的伙伴关系。

以保险代理人或其他任何推销员为例。系统地说,他可能是一个通过死记硬背,学会了固定几种销售套路的功能性的人。他遵循这个系统做销售,履行一项功能。外在地说,他接受过情境分析和应用心理学的训练，这同样也能帮助他销售。但内在地，他完全不用任何既定路数，他无视所有规则，却轻易抱走了销售奖杯。他的秘密在于：他和客户产生了身份认同。

就这一点而言，每项工作都有其系统、外在和内在的潜力。以一家公司的总裁（或副总裁）为例。从系统维度看，他只需按下正确的按钮，事情就按部就班，有序进行了。他公司的员工就像军队，他的客户（往往）是需要战胜的敌人。从外在维度看，他是一位资深政治玩家、经济战略家和资本操盘手，与其他公司的总裁竞争。然而，从内在讲，他公司的员工和客户都是人，就像他自己一样，他关心的是公司的所作所为会对这些人产生什么影响。因此，他所有的行政决策都饱含着"无形资产"，饱含着需要用价值学方法来测量的人的价值。

霍桑实验出乎意料地揭示了人的因素。一群工厂女工获得了更好的工作条件，生产力也随之提高；紧接着，这些改善条件被取消了，但生产力仍在提高。女工们先是得到了上午的中场休息，每周工作时间也缩短了，生产力有所提高；之后，休息时间被取消，每周工作时间被延长，但生产力仍有所增长。无论做什么，生产力总会提高。负责这项研究的洛特利斯贝格（Roethlisberger）和迪克森（Dickson）百思不得其解，他们想知道这里是什么逻辑在起作用。他们得出结论：工厂做什么并不重要；真正重要的是给予女工们人文关怀，以及她们的合作回报。换而言之，内在评价被调动起来，女工们意识到了自己的人性。唯一可能发生的事情，就是倍增——生产力得以提高。在这种情况下，减法这种有限运算根本不适用。

休息时间是内在评价的另一个例子。比如你正在考虑让员工每天多休息20分钟。你的工时测定工程师（time and motion engineers）拿出他们的计算滑尺。"1000人，每人每天减少20分钟，相当于每天减少2万分钟，每周减少10万分钟，每月减少近50万分钟的工作时间。你的产量会有损失。"但你不管不顾，坚持引入休息时间，然后产量居然增加了。再一次，发生了什么事？你从外在评价走向内在评价；而减法这种有限运算，在其中不起作用。

这样的例子还有很多。不过，我来告诉你在麻省理工学院的一个学生身上发生的一件事。这件事相当令人惊奇，我认为它表明了：你不必等待下一代；你无须了解超限运算；你不需要计算机；你现在就可以开始行动，把价值科学的一些基础知识应用于自身，应用于你所处的世界情境，应用于世界所处的情境。

那个学期是从 10 月份开始的，12 月，我们的价值学学习进展到了内在价值。我要求学生们写一篇学期论文，从形式价值学的角度去分析他们愿意分析的任何情境或主题。第一位同学是学院杂志的编辑，他分析了自己的文章，发现分析结果比他想象中的要丰富得多。第二位同学分析了 T. S. 艾略特的《鸡尾酒会》。第三位同学，选择了《生活》杂志的社论。就在圣诞节放假前，一个男生来找我说："先生，我想让您知道，写这篇论文是我一生中最重要的事情。"我说："你是什么意思？"他说："等您拿到我的论文，您就知道了。"

圣诞假期后我收到了论文，标题是"游子归来"。故事是这样的。这个男生是一个聪明的年轻人，在麻省理工学院连续四年获得奖学金。他的父母是波兰移民，两人为了生计在灯泡厂打工，为此他感到羞愧。然而，通过对价值科学的学习，他清楚地认识到了原本他只是模模糊糊感觉到的东西：一个人就是他自己，他做什么工作并不那么重要；还有，他的父母都是很了不起的人。所以他想回家，告诉父母他爱他们。但是，他要怎么做才能既表达他的爱，又不让父母知道他以前并不爱他们呢？论文讲述了他是如何做到这一点的。他只是制造了一个又一个价值情境，并将自己的爱注入其中。整个家庭发生了变化：欢笑此起彼伏，幸福洋溢四方。这是一个全新的家。

阅读这篇论文是一件美妙的事情，就像有意识地创造奇迹一样。大约三个星期后，他带着他母亲的一封信来到我的办公室。"约翰，"她在信中写道，"这是一个美丽而奇特的假期，你爸爸和我不停在思考和谈论究竟发生了什么，最后我们得出了一个结论。我们想让你知道我们的结论。那就是：**我们以前从未爱过你……生活确实很有趣，不是吗？岁月匆匆流逝，生活与你擦肩而过，你总以为自己在做正确的事，然而事实上，你对周围发生的事情视而不见。**"

现在仔细回想其中发生的一切。没有人告诉其他人究竟发生了什么，然而价值逻辑自行演算到这种程度，以至于父母能从自己的想法出发，把这个男孩一开始打算完成的事情用语言表达出来。爱在这个家里一直是缺失的——正如它在当今世界许多地方也是缺失的——但现在，爱在这里，在一个全新的世界里，用他们自己的话说，"一个美丽而奇特的假期"带来的全新世界里。

与之类似，我们每个人都应该在自己的生活中使用价值科学，不需要逻辑演算，也不需要复杂公式。我们只需要学会，如何将内在价值的尺度应用于我们周围的生活和我们内心的生活。

在接下来的章节中，我将讨论个人如何应用这种形式价值学：你如何去感知和发展你的大我?

第三章　乔治及所有人的难题

我们已经定义了"好"——一件事物是好的，当且仅当它拥有它本应具有的所有属性——并且我们已经围绕这条公理建立了科学的价值学。

有了这门科学，我们发现，我们可以从系统维度、外在维度和内在维度来认识和衡量价值。我们还发现，因大我具有无限性，故人类生命是最有价值的东西。

我相信，我们已经为组织这个世界的良善与和平奠定了基础。

当然，说起来容易，做起来难。这仍然要靠人类每一个成员，去帮助自己和世界从"致死的疾病"中恢复过来。我同意克尔凯郭尔所说，即我们大多数人只生活在自己房屋的地下室里，是一回事；能否振作起来，充分调动自身力量，走上楼去，又是另一回事。

事实上，克尔凯郭尔接着说：

人们……大多对自我只有极其匮乏的概念，也就是说，他们对于成为精神存在的概念一无所知，而精神是一个人所能成为的绝对终极状态……人喜欢住在地下室；不仅如此，他是如此过分痴迷于这种状态，以至于如果有人向他提议搬到那空无一人的、可由他任意支配的、富丽堂皇的豪宅时，他就会大发雷霆——因为事实上，他是住在他自己的房子里……

然而，人类确实渴望成为更好的自我，成为真正的自我，神性确实永驻内心，但我们早已疲于奔命，破碎不堪。社会和经济压力推动我们，我们虽随波逐流，但内心火花难以扑灭。即使我们急于顺应潮流，我们可能也会驻足思考：这是否就是生命的全部？我们忐忑不安，每周不止一次回顾，若有所思，我们是否遗忘了什么——也许是某些欢声笑语，静谧时刻，涓滴之爱——会不会是我们忘记了自我？

我认为，类似这些想法一定同样困扰着比尔·拉塞尔。他效力于美国男子职业篮球冠军球队波士顿凯尔特人。这位伟大中锋对一位体育记者说："也许你会认为我是个有趣的家伙，但我不觉得我所做的事情真那么重要。我不觉得有成就感。我真正想做的是发现或发明一些东西，这样我就可以自豪地告诉我的孩子们。"

我有一种感觉，在当今世界，由于核灾难的威胁始终笼罩着我们所有人，人们比人类历史上任何时期都更隐秘地渴望内在的精神力量。**精神成长的需求是人类最大的需求**。我认为，满足这一需求对人类至关重要，因为它为我们指出了一条走出精神混乱、走向无限的人类之爱的道路，而这可能正是人类的终极命运，"仅次于天使"。

我敢肯定，正是这种精神上的渴望，导致许许多多管理者和学生向我询问："我如何才能掌握这种叫'内在力量'的东西，并让它为我所用？"一个管理发展研讨会的成员如是说：

> 与其他一些人谈起你告诉我们的事情时，我发现他们最担心的是，是否能以他们知道本应如此的方式行事。乔治非常希望成为乔治，在工作和家庭中都做自我。正如你所说，无论做什么，他都能满足他对自我的定义。长期以来，乔治一直习惯于像别人一样行事——例如他老板眼中的乔治——以至于哪怕只是考虑一下我行我素，对他来说也已经很

了不起了。尽管如此，他还是担心，一旦他真的成为真正的乔治，他老板会不喜欢，他会失去加薪或晋升的机会，甚至还可能丢掉工作。现在乔治该怎么做呢？

这个人是在说："如果一个人在实际的日常情境中，即使他知道怎么做，他也不能使用这种潜在的内在力量，那么了解这种力量对他又有什么好处？"

我认为这个问题值得严肃对待，不仅对乔治，对他的公司，对社会和国家也是如此。在每个商业、社会、政治组织的成员身上，都蕴藏着巨大的未经开发的内在资源，可被用于创新、创造、长期广泛的规划以及领导，用一个词表示：向善。此外，每个组织都会面临压力和紧张状况，要想妥善处理这些状况，只有依靠那些能够挖掘内在资源的个体。

你的管理级别越高，就越有必要运用你的内在大我，你的精神力量，因为你的决定越来越需要承载道德和精神意义。如果你足够敏感，你往往会发现有些决定连你自己都难以忍受。如果不是因为你知道这些决定不得不由你来做（因为这就是你的角色），恐怕你永远不会做这些决定，比如说：超越前一年的业绩，击败其他销售区域，赢得百慕大之旅，或者压过琼斯先获得晋升。据估计，由于工作变动、旷工、酗酒、人际摩擦、高管崩溃和其他情绪问题，波及所有员工的管理压力和社会张力，每年会给行业造成至少 30 亿美元的损失。《哈佛商业评论》报告称，在愿意谈论这一问题的高管中有八成承认，在他们各自的行业，不道德行为是被普遍接受的做法。我毫不怀疑，我们每个人私下都认识一些人，在巨大的压力和道德张力下，他们抛弃了大我，在身体上或者精神上"崩溃"了。

当然，这种价值危机不仅仅发生在商业领域，它们同样发生在家庭、教会、政治和我们生活的方方面面。因此，我要说的不仅适用于工作中的乔治，也同样适用于家庭中的乔治、教会中的乔治以及作为社区公民的乔治。

如果在美国或其他任何地方，一个人发展内在自我的自由被扼杀，如果以集体组织的系统性偶像崇拜和外在目标的名义，将个体与人性、追求幸福和上帝隔离，那将是一场悲剧。商人、管理者、政治家、工人，如果像一名专家，像艾希曼那样的"运输专家"一样行事，那就违背了人类的内在价值，既玷污了自己，也玷污了人类和上帝。在我们这种公司文明中，恰恰正是这场悲剧，让我们陷入经济决定论、物质主义和"致死的疾病"泥潭。过去十年，美国人的日常生活提供了大量证据，证明这种悲剧有可能在美国发生。我只需要列举几个丑闻来证明我的观点：电视智力竞赛节目欺诈、知名公司将应召女郎用作商业诱饵、大学篮球赛贿赂、电气设备行业价格阴谋、试图推销造成婴儿畸形的药物沙利度胺……暴力犯罪的增加导致暴力成为一种日趋流行的生活方式，军队日益主宰生活，高中辍学和青少年犯罪不断增加，人们普遍不尊重法律，对失业、贫困、疾病和种族不公现象反应迟钝。

我认为，危险来自组织规模的不断扩大。组织的生命往往比个人的生命更重要。乔治和吉姆很可能首先成为对组织忠诚的仆人，其次才是人；首先是高管，其次才是爱人、丈夫、父亲或真正的人。就连友谊也可能完全取决于它们对组织的外在价值。总之，人类的内在价值自然遭受打击。内心的大我几乎丧失殆尽。

你能做些什么？坦白说，这很艰难。没有简单的答案，但我会尽力给出价值学上的导向和指南。

我可以明确地说，当乔治的公司或他的家庭像系统一样运转，而以牺牲人的因素为代价时，当规则、程序、规章制度和系统优先于人时，当他面对指标有持续的压力感时，以及当指标总是在不断提高时，乔治将会遇到大麻烦。

以这种方式经营的公司本质上是一台赚钱机器，在我看来，因为它忽视人的因素，所以是一条糟糕的生财之道。许多商人倾向于对人置之不理，是因为对他们来说，人是非理性的不可测因素，这让他们难以做规划。事实上，有人认为，这也许能解释目前流行的各种公司管理的博弈。在这些博弈中，价格和生产决策以及根据这些决策而获得的结果，都是不受任性的消费者干扰的。

然而，商业领域越来越需要公司懂得如何与人打交道。事实上，调查表明，在高层职位上，这种素质比技术能力更受重视。高管失败最常见的两个原因，是无法与他人合作和无法判断他人。

因此，和别处一样，人的内在价值因素在商业领域同样起作用。在计算机和其他机器完全接管之前，人是不能被忽视的。在前面提到的霍桑实验中，我们已经看到了人的这种因素起到的作用。在霍桑实验中，实验人员对一组女工给予了特别的人文关怀，适当地实施利润共享，并对休息时间进行了令人称奇的计算。商业领域反映了整个社会的真实情况。历史学家阿诺德·J. 汤因比（Arnold J. Toynbee）说，一个只渴望物质文明的国家，注定会厌倦无聊，陷入经济停滞和道德沦丧。他坚持认为，任何社会的繁荣都离不开精神意义。同样的道理也适用于个人，毕竟，大多数精神疾病都源于枯燥、无望、无意义的生活；同样的道理也适用于商业，因为和任何人一样，一个商人的所作所为也需要体现精神意义。

我很高兴在《大西洋月刊》读到一段确凿的声明，作者是爱德华·T. 蔡斯（Edward T. Chase），题目是"金钱不是一切"：

> 一个社会最终的经济增长，在很大程度上，取决于这个社会从眼前的赚钱行为转向对思想和精神资源的培养程度。这是经济学的一个新概念，过去几年才得到统计上的证实。

长期以来，全国保险公司董事长默里·D. 林肯都在说同样的话："我们从未带着先从中赚钱的念头而进入某个领域，但不知何故，我们似乎总是可以在这个领域取得相当好的结果。"

另一位著名的商人告诉我，他越是集中精力赚钱，赚得就越少。这很好理解。因为在专注于赚钱的过程中，你并没有专注于使赚钱成为可能的唯一因素——人类的需求。正如我提到的，有许多销售人员打破所有规则，却轻易抱走销售奖杯。因为他们真正了解自己的客户，他们喜欢为别人做事，他们的真诚被认为是真实的，而不是虚伪的。我听说有个保险经纪人就有这样的素质。在由十几名经纪人组成的地区队伍中，他是新手，他早期的一些任务表现都不及格，但现在他的销售业绩在该地区遥遥领先。为什么？他的一位同事这样说道：

> 这个人内心有某种东西。我说不清楚，但我知道别人都怎么说他。一位牧师："这个人与上帝同行。"一位朋友："每个人都自然而然地爱他。"他的妻子："只要他为别人做事，他就会快乐。"每个人都能轻而易举地理解这个经纪人。

一位高管告诉我，他父亲在纽约市附近经营一家小酒馆。他很不像生意人。有天晚上，这位高管从外地回来看望他，他就把客人赶走，提前好几个小时就打烊了。一天中午，一群家族朋友到他家来，发现他出门了，而且他竟然让客人在他回来前自己照顾自己。"别担心，"他说，"他们会把买酒钱放到抽屉里的。"他的酒馆是布鲁克林道奇队球迷的聚集地。在世界职业棒球系列赛期间，一个陌生人进来点了一杯啤酒。"你支持谁？"有人问。"我支持纽约洋基队。"那人说。"朋友，"他对那人说，"这杯酒算我请你的，喝完你最好走吧。我们这里不欢迎洋基队球迷，你可能会有麻烦。"迫于身体状况不佳，他卖掉了自己热闹兴隆的小生意。不到六个月，新老板就因为顾客稀少而关门大吉。

相信我，商业有其内在价值。

经济行为，仅仅是商业世界中的一个"事实"，它超越了自身，并嵌入了广泛的背景。英国作家吉尔伯特·基思·切斯特顿（Gilbert Keith Chesterton）曾经说过，当他想租一个房间时，他寻找的不是热水或冷水、水管设施或家具，而是房东太太对宇宙的看法。即使在经济领域，内在价值亦优先于外在价值，道德或人文背景比经济背景更重要。

假如你是一个商人，为了赚大钱，刻意在最顶层的道德或精神层面上大做文章，而你的目标是盈利，你对你的员工和客户都很和善，而且你还帮助教会——这是行不通的，因为你已经本末倒置了。你把精神上的、内在的行为，变成了经济上的一种手段。当你真正地活在精神层面时，你根本就不会想到物质回报。每一美元不请自来时，你都会惊讶地摇摇头，说："我真不明白我怎么会得到这一美元。"

回到乔治身上。如果他在一家几乎完全在较低或系统维度运行的公司工作，那么，他在发展真正的大我方面就不会得到太多鼓励；事实上，他将会处处受阻，垂头丧气。他有三个选择：（1）他可以放弃自己的个性，成为机器上的一个齿轮，从那时起，这台机器将扼杀他的生命；（2）他可以留下来，努力帮助公司改变现状，这样可以帮助公司朝以人为本的方向来运营；或者（3）如果他认为情况非常悲惨，前景无望，他将不得不考虑离开，自谋职业，或者加入另一家确实提供有利于大我实现环境的公司或组织。

乔治和其他人一样，是一个具有无限内在价值的独特个体；在我看来，他不应该让任何组织扼杀他的独特性、贬低他的价值。对乔治和每个人来说，世界上最重要的事情是满足他内心的渴望——实现他独特的大我意识，并从地下室里走出来。

现在，我们来假设乔治的处境不是没有希望，而是充满希望。我们也假设他的公司已经或能够准备好，以便他开发自己的潜能。他应该做些什么来发展他的内在大我，在内在层面上活得更长、更好，以便他也能在系统和外在层面上活得更好呢？这是真实的，并且可以从价值学上得到证明：我们越充分地做自己，就越能在工作、社会角色和思维方面做得更好。从我们的内在大我中，我们得到了成为我们想要成为的人所需要的一切。大我发展不是奢侈品，这是我们在所有三个层面上都能真正做自己的必要条件。因此，乔治自身的内在大我必须成为他工作的一部分。无论他做什么，他都必须活在内在层面上，而他——乔治自己——必须这样做，因为没有人能代替他在那里活着。

但是怎么做呢？不管程度如何，在工作中还是在家里，这是每个人都要解决的问题。

1. 发展内在大我的规则

首先，我要说的是，你必须清楚地了解自己。从苏格拉底到克尔凯郭尔，哲学家们都试图告诉你如何做到这一点。他们所说的可以综合成我所谓的"四己规则"。

规则一来自苏格拉底：**认识你自己**。你（和乔治）必须弄清楚你是什么类型的人，你具备什么样的属性，你因被赋予什么样的材料而生存于世。

规则二是克尔凯郭尔的：**选择你自己**。这意味着，一旦你发现自己是什么样的人，你就必须接受自己并充分利用它，因为这就是你所拥有的全部。你必须选择你自己，你是你自己的材料。对于这材料，你必须将其发展到无穷，从你启动的最低处到你能到达的至高处，绝无限制。耶稣对悔改的盗贼说："今天你与我同在天堂。"抹大拉的马利亚曾是妓女，却成为圣女；马修是曾经的税吏，在当时意味着是强盗和罗马人的帮凶，他却成为《福音书》的作者。你的起点没有限制，你可以从最卑微的地方开始。但不管你对自己有多鄙视，你必须选择你自己，接受自己如你所是。"我就是我自己。"

规则三是皮科·德拉·米兰多拉和克尔凯郭尔的：**创造你自己**。尽你所能，把自己创造成为最好的人。你是你自己的创造物。永远都不会太晚，但最好尽早启动，永不止步。天堂里，1个忏悔的罪人创造的快乐，比99个不需要忏悔的正人君子更多。

规则四来自耶稣：**奉献你自己**。这意味着忘掉所有限制，慷慨地奉献你的大我。把大我献给你的同胞和这个世界。爱邻如己。把你的面包扔到水里。爱的缺失是我们麻烦的根源。如果每个人都能爱自己和邻居，对战争与暴力的恐惧就会烟消云散。这是福音中的真理，耶稣和先知在《旧约》和《新约》中都曾表达过。唯有一本《圣经》。

因此，爱你自己，并从内心出发，爱你的同胞，是一

连串大我探索的最终结果，从大我认知，到大我选择，从大我创造，到大我奉献。只有当你创造了自己，你才能奉献自己。当你的大我不再阻挡你的道路，你在内在意义上才是自由的。你内心成长越来越透明，你就会在内心发现越来越强大的内在力量，就像找到通往宝库的钥匙。你不仅能够爱自己，爱妻子，爱家庭，爱生命本身，而且你会发现你拥有的爱的力量是无穷无尽的。你的爱会变得越来越深沉，越来越丰富，越来越焕然一新，以致今天你称之为爱的东西，明天看起来就像弹珠那样平常。

2. 内在信仰与内在恐惧

为了获得更清晰的自我认知，请参与接下来的测验，找出你在内在大我发展中所处的位置。测验列举了"信仰者"和"恐惧者"的道德属性。

一方面，如果你生活在自我的深处，你就是自我的世界，你不需要其他任何东西。你以整个自身的存在为锚，将自己锚定在世界的整体中。在这个世界里，你感觉宾至如归，你觉得轻松自在。奇怪的是，一切都是毫不费力就来到你身边的——正如《圣经》所说，一切都是加在你身上的。

如我们所说，你出身高贵。你觉得活着真美好。信仰正是如此——在这个世界上感觉良好，感觉这个世界是美好的。你不仅是按照上帝的形象造出来的，内在带有他的名字（"我是我"），而且你还用上帝之眼看世界："上帝看到了他所造的一切，看哪，这一切都很好。"你并没有因为觉得世界千疮百孔而对上帝失望。你在精神上无所畏惧，因为你深信上帝是善良的，世界是他的创造物；你就像约伯一样，以谦卑之心，相信上帝和世界的善良，即便有时你无法理解这善良属于上帝还是世界。

内在信仰是道德安定者的基本属性。

另一方面，有一个不幸的家伙，他生来不顺，没有找到自我，没有把自身深深地锚定在整个世界中，没有和世界成为一体。这个可怜的家伙浑身不自在。他觉得他的出生是个意外，他是宇宙的一个错误。他认为，他真的不应该出生。他不喜欢自己，他希望他不是自己。他无视自己，无视一切而活着。他目中无人，与自己，与整个世界，与上帝都有内在的矛盾。对他来说，上帝不是一位受人爱戴和信任的天父。上帝是一个令人恐惧和不值得信任的主人——正如才智寓言中不忠心的仆人所相信的那样。这个人缺乏信心。他的一生充满了怀疑和恐惧。他不知道自己是谁，也不知道自己要做什么。他从内在感到困惑，因此感到忧惧。

内在恐惧是道德不安者的基本属性。

这两大基本属性描述了两种截然不同的人：道德安定者和道德不安者，信仰者和恐惧者。圣保罗称他们为觉醒者和谨慎者。信仰者是一个宇宙乐观主义者。世界上有许多不好的东西，但它们是世界在设计或执行层面的缺陷，而不是本质的缺陷。它们属于偶然王国，是大设计的一小部分，统计上可计算的一小部分。恐惧者是一个宇宙悲观主义者。他看到生活中所有的坏事、所有的苦难，他说："上帝怎么可能会和这些苦难同在？要我相信上帝创造了这样一个世界是对神明的亵渎。"他无法从部分看到整体。

现在看看从两种基本道德类型（恐惧者和信仰者）引申出的属性。我不太相信你们会发现自己完全属于一种类型或另一种，但你们可以了解自己最像哪一种（见表 3.1）。

表 3.1　恐惧者与信仰者的对比

恐惧者	信仰者
目中无人的。他蔑视全世界。他认为自己比任何人都优越。因为他对这个世界、对任何人都缺乏信心，所以他必须亲力亲为。他只相信自己。他从不授权。一切都取决于他，因为他认为自己不可或缺。	虚怀若谷的。他顺服于精神，而不是人，因此不需要反抗或展示优越感。他不必假装什么，因为他相信上帝，知道一切都会好起来。
侵略好斗的。他必须如此，因为一切都仰仗于他。	宁静澄明的。他对活着抱有深深的喜悦感，并且他周围每个人都有同感。他在精神上很快乐。
争强好胜的。对他来说，每个人都是潜在的对手或敌人，他必须打败或战胜他们。他必须一直是头号人物。	协同合作的。他把其他人看作解决问题的潜在帮手。每个人都可以成为朋友。
愤世嫉俗的。他必须摧毁所有人和所有一切。	以人为本的。他爱人。他帮助他们。他从不说任何人的坏话。
贪婪无比的。他必须据为己有，否则别人会得到。他不得不持续敛财，免得有一天挨饿。	慷慨大方的。他知道自己有能力付出，因为他知道，当他把面包扔到水里时，世界会数倍奉还。
虚荣炫耀的。他觉得自己需要很多道具。他在名人录中占据的条目越多，他感觉越好。他建立了自己的外在自我。他照镜子时，华丽服饰使他感觉良好。	朴实无华的。他不想引人注目。他不必试图假装他是什么样，该什么样就什么样。这是他的世界，他属于这个世界。

续表

恐惧者	信仰者
敏感易伤的。他很忐忑不安，自怨自艾。他不得不努力战斗，所有事都对他不利。他只关心自己的痛苦，而不顾及别人的痛苦。	泰然自若的。他不易受伤。他从不期望从世界上得到任何额外的东西，但他把自己所得都当作上帝仁慈恩赐的礼物，对此他心存感激。
胆小懦弱的。他很害怕，可以说，他生来就没有反抗世界的胆量。他亦敏感，脸皮很薄，神经质，他是一个爱哭的小孩。在他看来，几乎没什么事情能做成功。他试着固守一亩三分地——就像才智寓言中不忠心的仆人那样。	果断勇敢的。没有什么是不可能的，每个问题都是可以解决的，每个困难都是可以克服的。他知道自己步入正轨，所以他无惧前行。
不堪重负的。对他来说，一切都很艰难。他不得不努力工作，比任何人都努力，但没有任何结果。	举重若轻的。他受无穷的力量鼓舞，在生命中反弹跳跃。对他来说一切都很容易。
一叶障目的。他缺乏辨别轻重缓急的能力，小题大做，或者大题小做。因此，他混淆主次，他思考问题总注意不相干之处。	见微知著的。他能分清轻重缓急，看到事物之间的真实关系。他能区分主次。他认真对待重要的事情，并相应地评价它。
犹豫不决的。他缺乏足够的信心和内在力量，无法始终如一地朝着自己的目标前进，因此他对自己的行动有着某种程度的犹豫。他走到某一点，然后停下来，又去寻找另一个方向。	坚韧耐心的。他知道自己走在康庄大道上，如果他坚持，他将实现目标，他在自己内心感受到宇宙的力量。他静水流深。

恐惧者	信仰者
死板教条的。他把系统当作拐杖，没有它们就迷失方向——就像阿道夫·艾希曼一样。体制系统凌驾于他之上。	自然灵活的。他如大师演奏钢琴一样，在各种系统间应付裕如。他超越于体制系统之上。
冷漠无情的。他对真正重要的事情漠不关心，尤其是对人类的无限伟大。因为他内心软弱，痛恨被任何不愉快的事情触碰，所以他对痛苦毫不关心。	慈悲为怀的。慈悲是他内心最深处的特质。他和受难者一起受苦。每一次痛苦，他都感同身受。他从内心表现出与所有造物的内在合一性。正如我们所说，慈悲心是道德的试金石。

当然，如我所说，我们当中没有一个人拥有信仰者或恐惧者的全部属性，我们都是混合体。我亦拥有某些恐惧者的属性，比如说优越感——我曾经认为我是造物中最重要的。现在我不那么确定了。尽管如此，我妻子还得不断提醒我："要谦虚。"我认识一位工程师，是我认识的最可爱的人之一。他有许多信仰者的属性，但他也有一种根深蒂固的内在恐惧。他缺乏宁静澄明，经常处于防御状态，不张扬但狭隘，而且容易受伤。事实上，他在物质方面非常成功，有一个漂亮的家，车库里有好几辆凯迪拉克，但他总是担心第二天会失去所拥有的一切。他觉得自己一无是处；他就不应该出生；生命其实不值得这么麻烦。如果炸弹把我们所有人都炸

死了，他也无所谓；他并不担心。然而，他非常害怕失去他的金钱。你不能说这是一个坏人，但他在道德上是不安的，他自身还没有发展出内心的整全性、深度和无限性。

价值逻辑要求所有人，无论好坏，都要根据自己心目中的形象来判断善与恶，并用同样的言语来表示善与恶。结果可想而知，一个守财奴会发现另一个守财奴是好人，而慷慨的人是坏人，是个浪子。一般来说，活在系统和外在层面的人（表 3.1 的左列）会觉得活在内在层面的人（表 3.1 的右列）虚荣、吝啬、竞争、狡猾等，而不是如其所是——本真、谦逊、慷慨等。这些形容词甚至更糟糕的形容词都被用在亚伯拉罕·林肯身上过。因此，"谁说什么话"有着巨大的区别。我有一次被录用就是因为有个家伙说我不好。A 君问 B 君，哈特曼这个人怎么样。B 君说哈特曼不好。但是 A 君对 B 君评价很差。所以 A 君想，如果 B 君说哈特曼不好，哈特曼就一定是个极出色的人。于是 A 君雇用了我。

毫无疑问，正如我所说的，除非你是完美的圣人，不然你会发现你的有些属性不符合信仰者。你可能会不安地注意到，你在有些方面没有实现大我的定义。你可能太无知、太激进、太有报复心、太愤世嫉俗，或者像我一样，太有优越感。你要怎么做才能摆脱恐惧者的属性，发展出信仰者的属

性？换而言之，我们又回到了主要问题："我们如何具有大我
认知？"

我已经给出了部分答案。你必须知道，你内心有一种对
你、对宇宙、对上帝来说都内在独特、极其宝贵的东西。你
必须知道，你只利用了精神力量的一小部分。**你必须认识
你自己，选择你自己，创造你自己，奉献你自己**。你必须知
道，全面发展内在大我需要一生的时间。

这种大我发展使你成为自己。只有你才能给你的大我以
坚定、确定和道德保障。只有当你拥有大我世界，而无须在
各种喧嚣中搜寻时，你才可以止定静安。从肉身来看，你只
是庞大地球上一个渺小的人，但在你的内心，如果你能实现
你的大我，你就能囊括整个世界，囊括全人类，甚至浩瀚的
宇宙和上帝。

我们来分析一下这一大我的发展，这个"我"的成长过
程。在我体内的"我"不是静态的，而是动态的。"我是我"
的概念是我存在的核心。出生时，我有身体、头脑和情绪，
即感觉好、坏、愉快、愤怒等的能力。作为婴儿，我是一个
小动物。我没有多少思想，我不思考事情。我有一个小小的
身体，我的首要动作就是熟悉我的身体。我看着自己，把脚
趾伸进嘴里，闻自己的气味等。将近两年后，我才谈到自

己，开始说"我"。那是一个美妙的时刻。父母应当庆祝这个时刻，但他们并没有。说"我"是从动物到人类的自我反省与成长的整个过程的结晶（心理分析学家告诉我们，这个过程一般始于孩子在两个月大时的第一次微笑）。

这个过程是质的成长。量的成长不成问题，我一直在生长。但质的成长是不同的，这是意义的增长。我来举例说明。一大块大理石摆在一个雕塑家面前。就其本身而言，它没有什么意义，它只是一块大理石。雕塑家在这块大理石上凿来凿去，有时凿去的部分比留下的还多，但最终将其雕琢成一尊美丽的雕像。比如说，米开朗琪罗的摩西。雕塑家雕塑了原本毫无意义的大理石，用最少的材料获得了最大的意义。

这是一个质的成长的例子。它扔掉毫无意义和毫无分别的东西，同时解放和精炼剩下的东西。有时，米开朗琪罗会绕着一块大理石走上好几年，然后才开始凿它。在他脑海中，或者更确切地说，在他全身心里，已经拥有了最终的成品，他必须把成品从大理石中取出来。**所以"我"就是雕塑家，材料是身体、头脑和情绪，我必须使用上天赋予我的材料创造出一件艺术品，一件有意义的作品。**换而言之，我必须剥离身体的动物性、脑海中的无关项、情绪的干扰项，如克尔凯郭尔所说，让我自己变得越来越透明（像玻璃一样），对"我"即内在大我的阻碍就越来越少。例如，当我试着和你说话时，假如我口吃，嘴巴会阻碍我表达内心的意义，我必须克服它。假设我的想法不清楚，我就必须把它们弄清楚。假设我非常情绪化，或者不够情绪化，我必须去除它们带来的干扰。一切都必须为我的意义服务，并成为我的意义，这就是质的成长。

我可以在许多方面实现质的成长。我可以成为一名艺术家，一名雕塑家，一名保险经纪人。我可以成为任何人，只要我把自己变成比我的物质存在更多的东西。换而言之，我必须超越我的物质存在，我必须赋予自己某种超越性的意义。我必须成为更高事物的象征。如果我是一个好的推销员，我将活在其中，与我的工作同呼吸；我将超越我的身体，像我的客户一样活着。如果你要问我怎么做到这一点，我恐怕无法告诉你。销售人员都参加过经济学和心理学的培训课程，他们会反复学习，但总有那么一个推销员，就像之前有人说过"与上帝同行"的新手经纪人那样，他打破了所有的规则，创造了最高的销售额。这是质的成长。这是意义的深化。

3. 大我发展的六条路径

再问一遍，怎么做？假设你和乔治都还没到需要心理治疗的程度，我将建议你们采用以下六条通往大我发展的方式。

1. 第一条是认真对待你的信仰，坚定你的信仰，身体力行你的信仰。

2. 第二条路是经历危机。在经历诸如身患重疾、失去至爱或者其他一些创伤等危机时，我们逼迫自己深入探究，以找寻我们的力量。这是一种相当粗糙的大我发展方式，而且不能一厢情愿，想让它发生，它就会发生。当危机袭来时，我们可能会像对待胜利一样轻易陷入其中。危机可能会碾碎我们，而不是造就我们。我们必须扔掉自己有限的生命，跳进深渊。甚至我们必须抛弃大我，任凭上帝处置。富兰克林·D. 罗斯福是通过危机实现大我发展的一个伟大例子。从1921年8月10日那天在坎波贝洛患上小儿麻痹症起，到1924年6月26日那天在麦迪逊广场花园提名艾尔·史密斯为民主党总统候选人，他用自己的双腿站立，左手扶住讲台，右手向尖叫欢呼的人群挥手致意。一个人成功地从绝望的深渊中走出来，开始了新生活。在坎波贝洛危机后，罗斯福说："昨天我所谓的思考，在今天看来，只不过是望向窗外。"

3. 第三条路是通过有意识的、刻意的努力来修炼你的觉察，使你的良知足够敏感并得到培养，从而当你一看到邪恶或善良时，你便能识别。让良知之声强大到你无法妥协。在墨西哥，一个雨夜，两个男孩开车去阿卡普尔科。突然砰的一声，有个像人体一样的东西在空中飞过。司机没停车，继续向前开。他的同伴说："停一停，伙计，停一停，你撞到人了！""哦，"司机说，"没关系。他本来就不该在马路上出现。"但他的同伴变得非常歇斯底里，于是司机把车倒了回去。他们下了车，看到有一个女人坐在那里哭泣，怀里抱着一个小男孩。他受伤了，但不是致命伤。在这种情况下，这个司机显然对人的生命不敏感，他没有悲悯之心，而他的朋友（后来成为我的学生，他给我讲了这个故事），却恰恰相反。

有一种培养良知的方法是效仿那些敏感之人，像玛丽亚、某个孩子或你妻子。有爱的妻子通常比男人更成熟。她爱你是因为你是她丈夫，而不是一个无足轻重的人。在你沉睡时，她可能比其他任何时候更爱你。大多数女性更看重爱和慈悲，而不太重视智力与社会方面。男人常常受自己的智力和社会力量诱惑，变得麻木不仁，无视精神世界。由于必须直接和生命的创造打交道，女性通常对内在价值更加敏感。

良知是大我的器官。可以说，它是灵魂的晴雨表，精神的压力计。如果我们的灵敏度显示正常，特别是慈悲心，我们的良知就是敏感的；如果显示不正常，那良知就是不敏感和不发达的。我们的良知中记录着信仰者和恐惧者的属性，时时检查这个灵魂晴雨表总是件好事。

4. 大我发展的第四条路是利用你的智力。你可以通过在智力上了解大我，与自己的知识同步成长，以及通过融合货真价实的努力来定义和成为大我，从而在道德上发展你自己。但你必须真正地努力，一天 24 小时，就像伽利略和牛顿等人努力解决他们的问题一样。你一直努力，直到有一天某些东西啪的一声——就是它了！你在学开车或学外语时可能已经遇到过类似的状况。有些东西咔嗒一声，突然间你就会开车或讲外语了。在心理学上，这被称为"啊哈"体验。

各个层面都有"啊哈"体验，而最高层面是上帝。但你不必在那么高的层面上拥有它。**你在自己的水平上拥有它，成就你自己的"啊哈"体验**。让你的大我成为你关注的课题。当你努力工作时，突然你会发现一个恰到好处的解决办法。

你会发现你的自我，你会感觉到"啊哈"。**任何"啊哈"体验都是一种微小的神秘体验。**然而，寻找大我的"啊哈"体验并非微不足道，它让你走上了通往神性之路。

这也是我所采取的大我发展的智力之路，虽然我从（22岁那年）危机经历中得到了极大的帮助，那次经历以几乎以致命一击的方式拓展了我的意识。我毕生都在努力寻找对这种经历的理性解释，而最终，我确实通过形式价值学找到了它。

5. 大我发展的第五条路径是有意识地追求巅峰体验。亚伯拉罕·马斯洛对此深有研究，用他的术语来说，巅峰体验是指我们感觉到自己处于生命的巅峰，处于我们力量最完满和意识最深邃的状态。这种体验随时可能降临：在爱中，在孩子的出生、子女的婚姻中，在深邃的音乐和其他审美体验中，在创作和灵感中，或者在宗教的洞见和狂喜中。**有些人可以把他们的一生变成一连串的巅峰体验。他们致力于存在而不是行为，致力于意识而不是活动。**他们求知的眼光在重要的事情上逐渐变得敏锐，而在不重要的事情上则变得微弱。他们实现了克尔凯郭尔在《致死的疾病》（*The Sickness Unto Death*）扉页奉为座右铭的那段祈祷。

主啊！给我们以弱眼，

去看无关紧要之事；

赐我们以明眼慧眼，

去识您的全部真理和真实吧！

6. 大我发展的第六条路径是问自己以下四个问题，你可以在认真思考之后，给出一个让自己满意的答案。

我来到这个世界上是为了什么？

在墨西哥城，我在一家人才甄选公司工作，负责高管职位候选人的测评。在面试中，我问应聘者这个问题，会得到一些稀奇古怪的回答，其实那些根本算不上答案。这些人看起来一脸困惑，仿佛之前从未听过这么愚蠢的问题。他们拐弯抹角，绞尽脑汁，想找出什么样的答案会让我满意。许多人给出了诸如"谋生""快乐""挣钱养家"或主日学校式的"完成我的使命"之类的答案，却连"使命是什么"这一最起码的概念都没有。

那么，我来到这个世界上是为了什么？做一个忠于公司的好职员？听别人指令行事？好吧，没有狗会因此舔我的脚。赚大钱？钱可以是一种嗜好。有钱固然很好，但还不至于重要到我必须把赚钱当作我存在的主要原因。你看，我们又回到大我定义的问题上来了："我是谁？"我的答案是，我在这世上是要定义自己，赋予自己意义。为了给自己赋予意义，我一直努力通过尽可能清晰地阐述价值科学，通过帮助组织"善"，通过使和平成为可能，来丰富整个宇宙。但这是我的答案，不是你的。你必须找到你自己的答案。答案越是真实，你就越是完整的自己。因为那时你将得出结论，你代表着神圣的资本，你生来就是为了让这个资本成长和繁育。你的意义越高尚，你就越觉得你必须为宇宙提供财富，你就越发需要发展你的身心。你的意义越宏大，你的生命就越伟大。它意味着你把全部大我投入你的任务，用你的全身心去实现超越自身的意义。这样你就超越了自己。你成为超越自身意义的一个象征。当我写下这个符号——"城市"，你不会想到横竖撇捺的笔画，你只会想到它的意义——街道、房屋、商店、人们。你几乎看不到这些笔画。它们不妨碍你。它们是透明的，它们是超脱的。但如果我写"ρολιζ"（城市）这个希腊单词，你就会被符号本身的线条和曲线所困扰。它妨碍了你（对意义的理解）。

如果你不透明，如果你不能读懂你自己的符号，你就会妨碍你自己。你不了解你的大我，可以说，你对你的大我来说是自我异化的"希腊文"。**所以你必须使你的身体、头脑和精神有意义；你的名字必须成为意义的象征。你一定要有一种感觉，你来到这世上是有原因的**。如果你有这种感觉，你就有内在深度；如果你没有，好吧，那你必须发展它。

有一条注意事项：意义的伟大并不一定是指我们在道德上比玛丽亚更善良。譬如说，玛丽亚把自己完全奉献给一个小而有限的意义范围。**重要的是意义的深度，而不是广度；重要的是质量，而不是数量**。玛丽亚可以说，她来到这个世界上是为了打扫房屋，这似乎没有多大意义，但她把克尔凯郭尔所谓的"永恒运动"付诸每一个行动。重要的不是你做什么，而是你做这件事的精神。你有内在精神去填补这世上某个特定位置。如果你朝向那个位置前进，无论步子大小，无论伟大与否，你都会感觉生命有意义，感觉自我很透明。关键是，如果你喜欢你正在做的事，你就会开始在永恒的框架中看到意义——不管你多么谦卑，你都在内在层面。

的确，大多数人一生都没有找到这个问题的答案。但令人惊奇的是，在生活中，他们中的许多人都有答案，但他们自己看不到。不知不觉地，他们让答案溜走了。也许我们需要训练有素的价值分析师，这些分析师可以聆听他人的生命故事，并帮助他人慎思明辨他们生命的意义。

我为什么为这个组织工作？

一方面，如果我的生命没有任何特别的意义，那当然，我为什么工作或为谁工作都无关紧要。我只是舒服待着，在一个较低层面上工作和生活，我只是学习分类，整理事情，操纵和操作。换而言之，我成了一个只盯着自己鼻尖看的专家。我对上述问题的回答可能很简短：赚钱。倘若如此，我只在谋生，但不在生活，我的生命没有意义。

另一方面，如果生命对我真的有意义，我会非常关心我所工作的组织，因为它必须与我自己的意义相吻合。如果不吻合而我还继续为它工作，那么我要么是个骗子，要么不快乐，要么两者都是。我欺骗自己。我浪费了我的神圣资本。我把自己卖给了世界，还通过神经衰弱、酗酒或者其他自残方式来为这种背叛埋单，就好像我在说，我根本不配拥有这份生命的礼物。

这个组织能做些什么来帮助我实现我在世界上的意义？

换而言之，这个问题暗指，我工作的公司是为我而存在的。这倒是真的。组织永远不会超越于个人之上，因为组织不可能活在内在层面上。一个公司可以系统地陈述内在的精神目标，但必须由个人来实现这些目标。因此，公司必须是我实现意义的工具。它必须是我的大我的延伸，就像我的身体和头脑一样，并且像它们一样，它不能阻碍我实现大我。**它必须滋养我的内在大我，给自我精神以力量和寄托——**它必须对我的意义透明。

这里可能会出现很多问题，良知也许不得不满负荷工作。有一次，我的处境非常糟糕，以至于我只要和上司同处一室就会觉得恶心。我很不开心，很沮丧，我的工作受到影响，我也受到影响，直到最后我身患疾病，不得不动手术。最终，我别无他法，只能离开，因为我的工作不再有意义。

有些时候，唯一重要的是忠于大我，不管后果如何，你都必须把生命握在自己手中，然后奔跑。这时你需要信心和勇气。

我怎样才能帮助这个组织，使其更好地帮助我实现我在世界上的意义？

我能用我所有的力量和善意，来回报组织对我的善意。因为如果组织帮助我实现我的目标，我当然会想百分之百地贡献自己，而不是像研究表明的一般员工那样，保留40%，这样做既损害自己，也损害公司。我通过履行自己的职责，还有履行组织的职责来实现自己。因此，**组织成为我自己实现大我的创造性工具**。没有什么比与你工作的公司建立这种关系更幸福的了。

如上，这就是"大哉四问"。人们可以轻描淡写地回答。我来到这个世界上是为了什么？为了谋生。我为什么要为这个组织工作？为了挣钱。这个组织能做什么来帮助我实现我在世界上的意义？付钱给我。我怎样才能帮助这个组织，使其更好地帮助我实现我在世界上的意义？帮助它赚更多的钱。

这些都是外在层面的答案；与内在层面的答案相比，它们毫无价值。我的经验是，一个高层管理者，除非他自己能在内在层面上回答这些问题，并且，除非他把同样能在内在层面上回答这些问题的人放置到管理岗位上，否则他的管理工作不可能做到最好。这样的高层管理者将他的生活、工作、智力和精神利益融为一体；他的思想延伸，他的视野拓宽，他的眼界长远；他具有先见之明，能够提前规划，能够在更广阔的背景下，从长期而非短期目标的视角看待他的组织。随着越来越成熟的敏锐度，他也获得了挖掘周围人才内在深度的能力，并能清晰表达如何帮助他人发展大我。他用一种新逻辑来提供人性激励和物质激励。如此，他成为一个和谐的人，名副其实的真正领导者。

为了通往大我深处的远大旅程，为了精神成长，也为了实现人类最高潜在价值，这四个问题作为我对乔治以及所有人的六条建议的结束语。总而言之，我的建议是：认真理解并对待你的信仰；尽可能利用危机；培养你的良知；用你的智力去思考；寻找巅峰体验；回答这"大哉四问"。

在一部分建议或全部建议上付出足够努力，付出足够长的时间，我相信会有一天，灵光闪现，你会大喊："**啊哈！我就是我！**"

1963 年 10 月 10 日

参考文献

1. Paul Weiss, Preface to Robert S. Hartman, *The Structure of Value: Foundations of Scientific Axiology*, (Carbondale, IL: Southern Illinois University Press, 1967), p. xvi.

2. G. K. Plochman, Foreword to *The Structure of Value*, p. xii.

3. *Deutschland Heute* [Germany Today], (Offices of Press and Information, Federal Government of Germany, 1955), pp. 153-55.

4. Giovanni Pico della Mirandola, *Oration on the Dignity of Man, The Renaissance Philosophy of Man*, Ernst Cassirer et al., eds., (Chicago: 1948), pp. 228 ff.

5. S. Kierkegaard, *The Sickness Unto Death*, (Garden City: Doubleday& Co., 1954), p. 176.

6. Edward T. Chase, "Money Isn't Everything", *The Atlantic Monthly*, (April 1962).

7. Albert Ellis, *Reason and Emotion in Psychotherapy*, (New York: Lyle Stuart, 1963).

8. Rita Hartman, "What Led to Formal Value Theory" in Rem B. Edwards and John W. Davis, eds., *Forms of Value and Valuation*, (Lanham, MD: University Press of America, 1991), pp. 6-7.

附　录

附录一：最后的岁月

　　自 1963 年写完本书的原稿，直到 1973 年 9 月 20 日去世，罗伯特·哈特曼一直从事与其哲学观点相关的多种活动。1957 年他前往墨西哥国立大学，一直担任哲学研究教授；从 1968 年到去世，每年有六个月，他在田纳西大学诺克斯维尔分校担任同样的职务；1966 年，他还在耶鲁大学哲学系担任客座教授。

　　在此期间，他通过阐述和应用形式价值学的原则，继续对"善"的探求。1963 年，阿尔伯特·埃利斯（Albert Ellis）在《心理治疗中的理性与感性》一书中收录了他的文章《价值的衡量》，这使哈特曼的观点受到了极大的关注。他的通信档案中有许多来自全国各地关于重印这篇文章的请求。经过多次协商和编辑，他最重要的作品《价值结构：形式价值学的基础》于 1967 年在美国出版。该书的最早版本曾于 1959 年在墨西哥出版。

他把大量注意力放在了价值测评工具——"哈特曼价值画像"（Hartman value profile，HVP）的开发和营销上，因为他认为这是一种简单有效的方式，可以用来证明形式价值学的力量。这个测试的灵感来自一次和学生们的关于价值的研讨会，那是 1960 年前后在埃里希·弗洛姆（Erich Fromm）教授的精神分析课上。哈特曼博士利用形式价值学的概念制定了一个价值表，经过这次研讨会上的讨论，他意识到可以从中开发出一个价值测量的工具。

1965 年，哈特曼博士联系上波士顿的一个团体，为市场推广价值测试做准备。当时这个测试被称为"哈特曼问卷"。随后，他着手编写一本临床解读手册，并在接下来的几年里分段编写完这本手册。与波士顿团体的分歧促使他于 1969 年在得克萨斯州成立了一家新公司，名为价值测量公司（Axiometrics，Inc）。然而，情况依旧没什么改善，于是他在田纳西州成立了价值测量学测试服务公司（Axiometric Testing Service）。后来，在 1973 年，他还与密歇根州马斯克根的研究概念公司（Research Concepts）达成了推广哈特曼价值画像的协议，协议至今仍然有效。

在墨西哥，哈特曼的价值测试被精神病学家、研究人员、国立大学和社会安全研究所广泛使用。有记录显示，在从 1968 至 1969 年的 12 个月内，他在墨西哥一共进行了 24,000 次测试。哈特曼博士希望哈特曼价值画像能在美国得到广泛应用。虽然该测试已经被临床医生和各种研究使用，包括有效性和可靠性研究，但还没有获得他所设想的广泛应用。

哈特曼博士一直认为，对测试结果的响应，揭示了一个人的多方位画像，是一种相当有意义的个人验证。他经常把哈特曼价值画像称为"灵魂的 X 射线仪"。当观察某一群人的集体数据时，他就把测试描述为"灵魂的 X 射线仪"。他认为，哈特曼价值画像所揭示的价值模式可以表明某些特定行为的潜力，例如暴力倾向。1970 年，在全世界爆发暴力和暴乱的时代，他向国家心理健康研究所提交了一份长长的备忘录。在这份备忘录中，他阐述了哈特曼价值画像的理论和背景，并建议在全国范围内将其作为预测暴力行为的筛选工具，它既适用于特定的人群，也适用于社区，这样就可以确定风险最高的地区，从而化解潜在的威胁。1971 年，一份关注点不同的类似建议被提交给康复服务管理局。这份文件包括一项实证研究，将哈特曼价值画像的结果作为职业康复客户评估过程的一部分，由此反映出个人的优势和劣势。

哈特曼博士相信，在熟练的形式价值学实践者手中，哈曼特价值画像所产生的结果具有如上所述的广泛应用。虽然形式价值学的原则有更广泛的用途，但哈特曼价值画像是该理论最有形的产品之一。

在生命的最后 10 年里，他仍然是一位多产的作家、读者和通信者。例如，在 1967—1968 年的著作清单上，他记录了 20 本（篇）已经完成或正在撰写的书籍（文章）。后来他还提到了计划写的一本书《价值学原理》（*Principia Axiometrica*），此书将汇编多年来他对价值理论的思考。然而，这本书并没有问世。

他在库埃纳瓦卡的图书馆证明了他对书籍的热爱。哈特曼夫人说，在早期，就算他们真正需要钱做其他事情时，他也经常买书。他的图书馆里藏有 40,000 册书，其中有一些是收藏品，整体价值有 250,000 美元。

他的信件涉及许多主题，并跨越了全球。与他交换信件的学者遍及苏联、以色列、波兰、印度、法国、加拿大、瑞典、德国和奥地利。

1968 年 9 月在维也纳举行的第十四届国际哲学大会

上，哈特曼博士主持"伦理学和价值哲学"分会场。在这次会议上，他认识了意义疗法理论的创始人维克多·弗兰克尔（Viktor Frankl）博士。1968 年 8 月，他写信给弗兰克尔博士，邀请他参加会议，并给他寄了一本《价值结构：形式价值学的基础》。他们在维也纳会面后，弗兰克尔提议与哈特曼在美国成立一个价值分析和意义疗法研究所。后来的通信中进一步讨论了该研究所，但该研究所计划并未实现。20 世纪 60 年代末，哈特曼与弗兰克尔、西德尼·M. 朱拉德（Sidney M. Jourard）、亚伯拉罕·马斯洛、阿瑟·科斯特勒（Arthur Koestler）和罗伯特·坦南鲍姆（Robert Tannenbaum）一起担任《超个人心理学杂志》的编辑委员会成员。

世界和平一直是哈特曼博士所关注的问题。1963 年，第十三届国际哲学大会在墨西哥城召开。作为这次会议的明显产出，哈特曼博士受到启发，提出了规划针对不结盟、无核国家的"无核国家和平基金"的建议。他就这一主题编写了一份文件，并将其寄给了联合国的一些成员国。他的信件显示，他在 1964 年向墨西哥、加纳、印度、印度尼西亚、阿拉伯联合共和国、芬兰、南斯拉夫、埃塞俄比亚、波兰和教皇保罗六世发出了关于无核国家和平基金的信件。他建议将核武器置于联合国的管控之下，以防止核扩散带来的世界性威胁。由于他为世界和平所做的努力，1973 年他在去世前不久获得了诺贝尔和平奖提名。

我自己对罗伯特·哈特曼的记忆是在他生命的最后五年，当时他是田纳西大学的教授，而我是那里的一名学生。他是一位知识渊博、智力超群、具有创造性洞见的人，他孜孜不倦地将这些知识用在价值理论相关数据的分析和综合上。他不断地在小纸片上涂鸦（其中许多纸片被收藏在田纳西大学霍斯金斯图书馆的哈特曼收藏品中）；遇到出人意料的有趣发现时，他会暗自发笑。最重要的是，他是一个非常热情和富有同情心的人，他尝试把内在的东西变成他生活的真正组成部分。他的通信档案包括许多与学生和朋友的往来信件，他以积极和振奋的方式点亮了他们的生活。

形式价值学是罗伯特·哈特曼留给我们的遗产，也是对他自己生活经历的回应。这个理论是价值科学的基础，但是，正如他所指出的，这只是基础。该理论需要被澄清、放大和深化。作为有愿景的人，在世界范围内组织"善"，延续哈特曼的未竟事业，将是他们的任务。

阿瑟·埃利斯

附录二：附图

罗伯特、海因里希与他们的父亲阿尔弗雷德·希罗考尔
（1915—1917 年）

1936 年 8 月 30 日罗伯特·哈特曼和丽塔·哈特曼的婚礼

20 世纪 40 年代，哈特曼博士在他的办公桌前工作

1943 年 5 月 17 日，罗伯特·哈特曼和丽塔·哈特曼在芝加哥

哈特曼在图书馆里

罗伯特·哈特曼的肖像

1945 年左右，罗伯特、丽塔和扬在俄亥俄州的伍斯特

哈特曼家族

丽塔和鲍勃在俄亥俄州哥伦布市

罗伯特·哈特曼在墨西哥库埃纳瓦卡的图书馆

丽塔·哈特曼和罗伯特·哈特曼

墨西哥，库埃纳瓦卡，罗伯特·哈特曼墓碑上的铭文

Freedom to Live
The Robert Hartman Story

译后记　在哈特曼的码头驻留

人生如一条长河，奔流到海。时而飞流直下三千尺，时而幽咽泉流冰下难。每一位旅行者，各有其志，有据有依，游于这条长河，度过属于自己独一无二的人生。

我是在 2019 年春天发现哈特曼这座码头的。彼时我刚领悟到"源流涌沃"，正意气风发，跃跃欲试。偶遇哈特曼，便舍船登上码头，本以为稍作停留，未曾想朝夕与其文相处，耳鬓厮磨，如今四年半已过，我仍不肯离去。人生有多少个五年、十年？未来我也一定脱不去哈特曼的痕迹。究竟是什么让我这个书虫留连忘返？

那要从他的生平说起。罗伯特·哈特曼，1910 年 1 月 27 日出生于柏林，一生致力于寻求"什么是善"，在 1949 年平安夜，他终于发现了价值公理："当一个事物拥有它本应具有的所有属性时，它就是好的。"以此为基础，哈特曼创立了一门新学科——形式价值学，或者说价值科学。他一生都在为即将到来的，与自然科学革命相媲美的人文科学革命（或曰价值科学革命）做准备。1973 年 9 月 20 日，在获得诺贝尔和平奖提名的当年，他在墨西哥库尔纳瓦卡去世，享年 63 岁。

今天是哈特曼辞世 50 周年。经过近 5 年来对他的学习和研究，我深深感受到他在系统、外在、内在维度上和我的连接。而他数十年如一日，知行合一，活在自己创立的思想体系中，很值得我钦佩。我常说，哈特曼的价值科学是人文社科领域最接近"一"的学问，这里的"一"由道而成，又可生"二"、生"三"，直至生"万物"。这对酷爱探究本元的我来说，自然是一种他乡遇故知的体验。

如果说这座码头有块招牌，那上面一定书写着四个大字——"价值科学"，而我在 2021 年冬天创立的"元价值"（metavalue）阴阳图 ①（见图译后记 .1）也可算一面小旗帜，迎风招展。在阅读他的自传，也就是本书的英文版时，那

_____

① 本图由本书译者首创，是整合了价值学与东方智慧的产物。——译者注

"烧脑"的酸爽感，让我欲罢不能，直至五六遍后，我才提笔翻译。他还有另外两本扛鼎之作《价值结构：形式价值学的基础》和《善的知识》(*The Knowledge of Good*)，那些逻辑、科学、哲学、伦理内容，在哈特曼的笔下，编织成一幅又一幅秀丽的山水画，起承转合，绵延流长。此为系统维度。

译后记 .1　"元价值"阴阳图

五年来，借助哈特曼的思想，以及我创造的璞学"元价值"，我在这座码头接待了不少同道中人，有些人因此停留片刻，有些人参加过我举办的读书群、茶聊、夜话和其他探寻活动。我就好比哈特曼码头的驻场堂主，招待古今中外与哈特曼有交集以及对他感兴趣的人。我尝试着在东西方之间，在传统与现代之间，在逝者与生者之间，以自己为材料，搭一座桥，此为外在维度。

啊！内在维度！这是无与伦比的体验。我会穿越到1932年的柏林，与22岁的哈特曼共同经历那7天6夜，这会让我头皮发麻，浑身起鸡皮疙瘩；我会在偶得康德《逻辑学讲义》的英译本时，为哈特曼的100页引言而雀跃；我会想起和史蒂夫·拜勒姆（Steve Byrum）那你来我往，谈论王阳明和哈特曼的信件；我更忘不了由于和哈特曼的相遇，每一天我都在过崭新的生活。我拥有活着的自由，精神层面的自由，这让我蜗居陋室却纵横四海，让我感恩每一位我生命中的贵人，带给我独一无二体验的人、事、物。

斯人已逝，余泽犹存。

继往开来，万物沃润。

哈特曼拉开的价值科学的序幕总需要有人延续。在人类的历史长河中，总有人接收到预兆，要志于道，要如中流砥柱般屹立。有幸与哈特曼相遇，我愿以自己为器，切磋琢磨，知择创献，返璞归真；我愿把哈特曼的文字转化为我的母语，使其与传统思想激荡发明；我愿某天在离开这座码头时，留下自己的梯子和绳索，让后来者可以登高山、入深海。为此，我愿盈科而后进，集义而前行，义无反顾，源流涌沃。

罗伯特·哈特曼，谢谢你筑成的码头，让我驻足停留！

2023 年 9 月 20 日

初稿发表于公众号"药说师书"

2024 年 4 月 3 日

二稿于姑苏

致　谢

　　辗转数年，好事多磨，这本译作终于要和大家见面了。我心中不免感慨万千，毕竟在过去五年中，我无数次被这本书的内容和思想打动，总畅想着、盼望着某天这些文字能以中文形式与大家相遇，让大家也能感同身受，同频共振。整个翻译的过程是苦乐参半的，哈特曼博览群书，且破且立，其思想的深邃每每让我抓耳挠腮、苦思冥想，其行文的流动又会让我乐在其中、回味无穷。我珍惜生命中这次独特又纯粹的体验。

　　本书能够付梓，有赖于许多人的辛劳付出。哈特曼学院成员玛丽特·霍普纳（Marit Höppner）在其担任联合主席时签下版权协议；原版书的两位编者雷姆·爱德华兹与阿瑟·埃利斯也欣然同意并推动本书的翻译工作，阿瑟·埃利斯还为中文版单独作序；史蒂夫·拜勒姆和克利夫·赫斯特（Cliff Hurst）针对我在书中遇到的难题做了细致的回答；当然不能忘记乌尔里希·福格尔（Ulrich Vogel）和杨敏海，正是得益于他们孜孜不倦的耕耘和推广，我才有机会在五年前与本书结缘。

新冠疫情期间，经大学同学楼晔引荐，我结识了刘建斌兄，并在其推荐下，给浙江大学出版社的袁亚春总编辑提交了一份"出版申请"。特别时期，见面不易，我们排除万难，在杭城入冬初雪那天得以初见，煮茶言欢。袁总对后辈的关爱和提携让我难忘，他的指点和教诲也始终激励着我前行。后来，顾翔老师担任责任编辑，与他们的配合让我真切感受到出版人的专业、互敬、友好、负责。正是由于浙江大学出版社同仁的不懈努力，这次对我来说意义非凡的出版之旅才得以实现。

在此，我要特别感谢"小璞团"的几位伙伴——夏烨、储飞、宣宣、吴娴姐、周洁，感谢海静、海涛、柏文、滚滚、斌地、维东、志轩、庆海、王珲、黄毅、程捷、健智、净智、文魁、伟斌等好友，感谢体验和反馈过哈特曼价值画像的蓓蕾、罗杨、劲松、"元自我大本营"伙伴、孔亮及团队，还有璞元价值、璞学堂、璞悦时光等社群伙伴。感谢所有在我生命中出现的人。

最后，我要感谢我的父母、兄弟、爱人，特别是骥飞，你们是我身边的镜子，时刻敦促我反求诸己，日新月异。

黄健（药师）

于姑苏璞元堂

2024 年 3 月 18 日